Paroles au choix

Paroles au choix

FRANCINE L. BUSTIN
Milton Academy

HOLT, RINEHART AND WINSTON
New York, San Francisco, Toronto, London

Library of Congress Cataloging in Publication Data
Bustin, Francine
Paroles au choix.

  1. French language—Readers.   2. French language
—Spoken French.   I.   Bustin, Francine L.
PC2117.P246   448′.6′421   79-22923
ISBN 0-03-046566-4

Acknowledgments for the use of reading selections appear on p. 2l5.

Illustration Credits (by page number):

All drawings by Denis Bustin.

Olivier Bustin: 5, 186, 189; United Press International, Inc.: 13, 167;
EPA Tower Newsphoto: 26; Photo Viollet: 37; Ruth Block from
Monkmeyer Press Photo Service: 45; © Peter Menzel: 58; Irene
Bayer from Monkmeyer Press Photo Service: 77; Roger-Viollet: 96;
photo and caption from *Beaux Gestes* by Laurence Wylie and Robert
Stafford (E. P. Dutton): 121; New York Public Library Picture
Collection: 132; Dupras political cartoon from *Vive le Québec libre!*
(Editions de l'Homme, Montréal), courtesy of the publisher: 166;
D. F. Windenberger: 173.

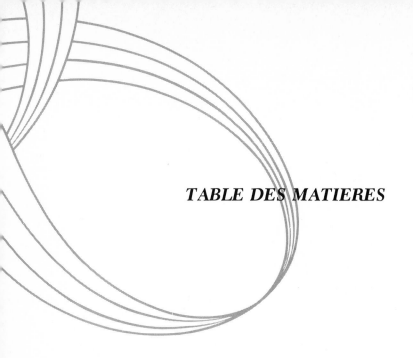

TABLE DES MATIERES

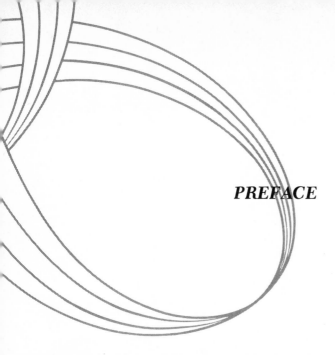

PREFACE

Paroles au choix is a distinctive mixed-genre collection of readings and related activities for the second-year college student. The mostly contemporary selections include cartoons, interviews, poems, one-act plays, speeches, and short stories. Their common denominator is *la parole*, the expressive urge that incites all of us to explain ourselves, to converse or monologue, to tell tales, to exhort, to debate, to joke, or to persuade—in other words, to communicate by way of speech.

The French have an expression, *"parler comme un livre,"* which describes the formal manner of speaking considered for generations to be the epitome of verbal expression. On the other hand, a growing number of writers over the past fifty years has been attempting, instead, to *" écrire comme on parle."* This reader tries to expose students to the broad expressive potential of French—from highly informal exchanges to more stylized literary efforts. In turn, students are encouraged through the activities to express themselves in different ways, individually and in groups, while discovering the mode of speech best suited to what they are discussing.

Paroles au choix consists of seven chapters, which become progressively more demanding. Readings within individual chapters are also carefully graded, ranging from the easily accessible to the more challenging, to provide maximum flexibility for the instructor. All texts are carefully glossed so that they may be comfortably approached by students. Readings are in their original form except for occasional abridgements to control length; deletions of more than three lines are indicated by ellipsis points.

The following elements accompany the readings in each chapter:

Introduction. A short introduction in English precedes each reading, presenting the author and the genre in which he or she is working. It also assists the student in considering the text in the broader context of the author's thought and distinctive use of language.

The English introduction is followed by a lead-in to the text, in simple French, introducing ideas, terms, and themes that will be significant. This should aid student comprehension and appreciation of the reading and also pave the way for follow-up discussion.

Mots clés. This list picks up key vocabulary words necessary to the intermediate student for basic comprehension and discussion of the reading text. The *"mots clés "* should be mastered before any reading. Considered active vocabulary, they are also emphasized in the various language-practice exercises related to the reading.

Expressions utiles. Because the selections—and indeed, the whole book—stress the expressive, oral quality of *la parole*, this vocabulary section includes various idioms, expressions, and exclamations often used in a conversation. These *"expressions utiles"* are taken directly from the reading text. Some of the expressions, which can be used as a brief response to a question, or to bridge a conversation gap, reappear in later chapters, grouped around specific situations such as surprise, embarrassment, or apology, etc.

Compréhension du texte and **Compréhension générale**. The first set of questions, the *"Compréhension du texte,"* is designed to test literal understanding of the reading selection. The *"Compréhension générale,"* which follows, attempts to generate a more sophisticated appreciation of the material. The questions in this section should lead to discussion of authors' ideas, approaches, and purposes, and to expressions of personal opinion by students.

Pratique de la langue. This section includes suggestions for directed activities that reinforce students' acquisition of vocabulary presented with the reading. Such activities as role playing, games, and class surveys encourage students to use in a personalized way the *"mots clés"* and the *"expressions utiles."*

Contrôle du vocabulaire. The various exercises of this end-of-chapter section are a comprehensive check of student recall of vocabulary words and expressions that have been presented. These exercises can be used as a self-test by the student or as a wind-up quiz checking active vocabulary acquisition.

Activités d'ensemble. Brought together under this heading are suggestions for open-ended discussion or written composition, which treat a chapter's material from a broad perspective. Students are encouraged to make comparisons and to synthesize ideas.

Paroles au choix grew out of my experience of teaching French to American students at Boston University and Milton Academy over the past ten years. Each of the selections and exercises has been class-tested. From what began as a wide and diverse assortment of materials, I have selected those which my students found especially enjoyable and stimulating. I should like to believe that fellow teachers who use it will experience the same reaction in their own classes.

Acknowledgments

I am especially thankful to Rita Perez for encouraging the ideas from which **Paroles au choix** sprang and to Barbara Lyons for her penetrating comments and her dedication. I am also grateful to Clifford Browder, whose vision, humor, and exacting reading were so stimulating in the final editing stage, and to the various reviewers, who, by their careful commentaries, also helped shape this book. My most personal thanks go to my husband for his practical help and patience, and to Denis and Olivier for their contributions to the artwork.

PREMIERE PARTIE
PAROLES ET IMAGES

Comic strips in France have become a form of popular culture that appeals to all ages. Modern French cartoonists have already created a number of classics, impressing their style and critical vision of the world on a whole generation of contemporaries. Typically, before graduating to the iconoclastic irreverence of *Charlie* or *Hara-Kiri*, which are appreciated by students, young people in France get their first taste of the B.D. (*bande dessinée*) through such magazines as *Pif*, *Tintin*, *Pilote*, or *Spirou*.

Roba has been a consistent contributor to *Spirou* over the years. His inspiration for the weekly tribulations of a bright-eyed cocker spaniel named Bill seems inexhaustible.

Roba
(1928–   )

UNE AVENTURE DE BOULE ET BILL

Boule est le principal personnage humain de cette bande dessinée. Ce jeune garçon en blue jeans ressemble un peu aux personnages des *Peanuts*, une série très populaire en France aussi. Le dessin toutefois est plus détaillé que dans la bande du fameux dessinateur Schulz.

En général, Bill, le chien, est le centre d'attention de sa famille. Mais les exclamations dans les bulles semblent indiquer que Bill a un rival.

MOTS-CLES:

la bande dessinée *comic strip*
le dessin *drawing*
dessiner *to draw*
le dessinateur *cartoonist*
la bulle *bubble*

terrible *terrific (indicates approval)*
marrant *funny*
avoir le rire facile *to laugh easily*
énerver *to get on one's nerves*
la farine *flour*

EXPRESSIONS UTILES

On le saura! *Don't we know it!*
Tout de même! *Really!*
Tu veux mon avis? *You want my opinion?*
Il me fera mourir de rire. *He really kills me (with laughter).*
Qu'est-ce qu'il peut m'énerver, alors! *Does he ever get on my nerves!*

COMPREHENSION DU TEXTE

1. Que fait Boule dans la première image?
2. Quel effet le rire de Boule a-t-il sur son chien?
3. Pourquoi Boule semble-t-il préférer Snoopy?
4. Comment voyez-vous que Bill n'apprécie pas les réactions de Boule?
5. Quand Bill va dans la cuisine, que représente la lampe allumée?
6. Comment Bill est-il devenu blanc et pourquoi?

COMPREHENSION GENERALE

1. Avez-vous le même avis que Boule sur les B.D. de Snoopy?
2. Faites une comparaison entre cette bande et celles des *Peanuts*.
3. Quelle est votre B.D. favorite? Pourquoi lisez-vous ou ne lisez-vous pas les bandes dessinées?

PRATIQUE DE LA LANGUE

1. Que dira un Français en voyant un excellent skieur? une très jolie fille?
2. Qui, dans la classe, a le rire facile?
3. Demandez à vos camarades de classe ce qui les énerve le plus.
4. Quel livre, film ou incident vous a fait mourir de rire?
5. Que pourraient se dire en français ces chiens et leurs maîtres?

6. Dessinez, même rudimentairement, une bande dessinée où Snoopy rencontre Bill. Ecrivez leurs réflexions dans les bulles en utilisant le plus possible le vocabulaire du texte.

For many years Georges Wolinski was one of the editors of Charlie Hebdo. His work—several volumes of cartoons, animated cartoons, and even a play—is characterized by a distinct graphic style and explicit humor. Introduced in France in the late 1960s, his deceptively simple style, reminiscent of wall graffiti, has been widely copied.

   Lately, the deliberately offensive aspect of Wolinski's style, which made him very popular with students, has been toned down. Though not a member of the French Communist Party, he has been working as a political cartoonist for the Communist daily L'Humanité. His nonchalant doodles contribute to France's visual environment through magazine ads and posters—the latter big enough to cover the walls of the Paris métro.

Georges Wolinski

(1936–   )

IL N'Y A PAS QUE LA POLITIQUE DANS LA VIE...

Tout le monde parle de politique et pourtant rien ne change beaucoup. En France la politique est un des sujets favoris de la conversation mais ce n'est pas le seul. Si un Français ne discute pas de politique, c'est probablement qu'il est en train de parler de cuisine!

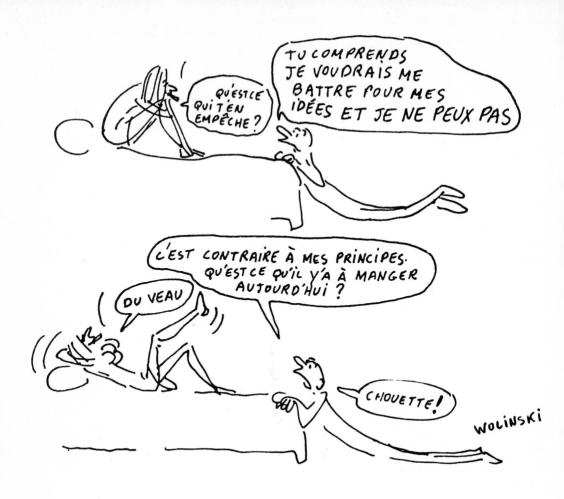

MOTS-CLES

la politique *politics*
le dilemme *dilemma*
être pris entre *to be caught between*
se battre (pour, contre) *to fight (for, against)*

l'idée (f) *idea*
empêcher (quelqu'un de faire quelque chose) *to prevent, to hinder (someone from doing something)*

EXPRESSIONS UTILES

Il n'y a pas que la politique dans la vie. *There is more to life than politics!*
Pauvre chou! *Poor dear! Poor thing!*
Ça fait mal. *It hurts.*
Chouette! *Great! Swell! (can be used as an adjective:* **une chouette fille** *a real swell girl)*

COMPREHENSION DU TEXTE

1. Pourquoi le garçon est-il un «pauvre chou»?
2. Qu'est-ce qu'un dilemme et pourquoi est-ce que ça peut faire mal?
3. Qu'est-ce que le garçon voudrait faire?
4. Pourquoi ne peut-il pas se battre?
5. Ce dilemme vous paraît-il sérieux ou non? Pourquoi?
6. Comment voyez-vous que le garçon est content de manger?

COMPREHENSION GENERALE

1. Pensez-vous que Wolinski se moque ici des gens qui s'intéressent trop à la politique ou des gens sans vraie conviction? Justifiez votre réponse.
2. Comment interprétez-vous ce que la fille pense, en observant ses attitudes?
3. Comment ce dessin rudimentaire peut-il être aussi expressif?

PRATIQUE DE LA LANGUE

1. Que dites-vous . . . (a) quand vous rentrez à la maison et que vous avez très faim? (b) à une amie qui a un gros chagrin? (c) à un ami qui a un bandage sur le front? (d) à un camarade qui parle trop de politique? (e) quand votre professeur vous donne un «A»?
2. «Il n'y a pas que ———— dans la vie!» Complétez cette phrase de sorte qu'elle exprime vos convictions.
3. Qu'est-ce qui a la priorité dans votre vie? l'amour? la politique? les études? le travail? la cuisine? l'argent? Avez-vous parfois un dilemme? Expliquez-le en employant les expressions **d'une part** . . . **d'autre part** . . . (*on one hand . . . on the other hand . . .*), **être pris entre** et **empêcher**.
4. Pour quelles idées voulez-vous vous battre? Etes-vous idéaliste, réaliste? sceptique? Qu'est-ce qui vous empêche de vous battre pour vos idées?
5. En vous organisant par paires, pouvez-vous imiter le dialogue de Wolinski en changeant le type de dilemme? Par exemple: avoir de bonnes notes (*good grades*) et sortir tous les soirs; se marier et aimer flirter; suivre un régime (*to be on a diet*) et adorer la pâtisserie, etc.

The humdrum characters who populate Claire Bretécher's cartoons are becoming familiar to Americans. Her work has appeared in Esquire, Ms, *and* Time, *and a collection of her cartoons has been published in English. A typical Bretécher frame is filled with her angular handwriting, for her gangly, potato-nosed characters are compulsive talkers. They wade into every topic, from everyday frustrations to political and psychological theories. While there is hardly an issue that Bretécher's cartoons have not dissected, her favorite subject is sexism, both male and female. Yet Bretécher refuses to be identified as a "women's libber" and has often poked fun at feminist dogmatism. Frequently her comic strips are not even funny, at least in a conventional way. Readers are invited to eavesdrop on a private conversation that they themselves might have; it is reproduced with clinical detachment, so that its absurdity surfaces by itself.*

Bretécher's best-known series is Les Frustrés, *which appears in the magazine* Le Nouvel Observateur.

Claire Bretécher

(1940–   )

LES FRUSTRES

Dans cette bande dessinée, Bretécher illustre une conversation moderne. Ses deux héroïnes font des gestes, des exclamations; elles oublient un peu la grammaire et utilisent même quelques mots d'argot (*slang*). Elles voudraient bien être sportives mais elles sont finalement frustrées.

justement *as a matter of fact*

recensé *made a list of*

ce qu'il y a c'est *the thing is*

chlore *chlorine*

un état pas possible *impossible shape*

bonnet *bathing cap*

ça te fout ta mise on plis en l'air *it ruins your hairdo*

babyliss *brand of electric hair styler*

le haut des cuisses *upper thighs*

sans arrêt *non-stop*

par les temps qui courent *these days*

bombe lacrymogène *can of Mace*

mine de rien *mind you (lit. although it looks like nothing)*

ça remuscle vachement! *it builds muscles fantastically!*

sangle abdominale *abdominal muscles*

côté hiératique qui m'énerve *hieratic side that turns me off*

[1] *Ne* is often omitted in spoken French: *t'es pas = tu n'es pas, c'est pas = ce n'est pas*
[2] *Chais pas = je ne sais pas.* Cf: I dunno = I don't know

quoi que *whatever*

attaquer *to get started*

MOTS-CLES

être sportif *to be athletic*
faire du sport *to take up, to practice a sport*
avoir envie de *to have a wish, to wish to*
la piscine (couverte) *pool (indoor)*
la natation *swimming*
d'ailleurs *besides*

se renseigner *to get information*
efficace *effective, efficient*
se décontracter *to relax*
se tenir au courant *to keep informed, in touch*

Claire Bretécher, moderate feminist and one of France's leading satirists. 1978.

EXPRESSIONS UTILES

C'est embêtant. *It's annoying.*
C'est formidable. *It's fantastic.*
Ben! *Well!*
C'est extra! *It's great!*
Je suis pour. *I'm for it.*
Ce n'est pas cher du tout! *It's not expensive at all!*
Je suis partant(e). *I'll have a go at it.*
C'est utile. *It's useful.*
Vachement (argot) *very (much)*

COMPREHENSION DU TEXTE

1. Quel projet les deux amies ont-elles pour l'été?
2. Quel sport la blonde suggère-t-elle? Il y a des facilités mais quel est le dilemme?
3. Comment la blonde sait-elle que les courts de la ville de Paris ne sont pas chers?
4. Pourquoi le tennis est-il bon pour le haut des cuisses?
5. Qu'est-ce qui empêche la blonde de faire du tennis?
6. Quel est l'effet du yoga, en général? A-t-il cet effet sur la brune?
7. Quelle solution trouvent-elles finalement?

COMPREHENSION GENERALE

1. Qui est frustré dans cette histoire, la blonde, la brune, ou le lecteur? Expliquez votre réponse.
2. Si vous pouviez interroger séparément la brune et puis la blonde, que vous diraient-elles de leur frustration?
3. Qu'est-ce qui empêche ces femmes de faire du sport, quel est leur dilemme?
4. Qu'est-ce qui montre que ces femmes sont plus modernes que sportives?

PRATIQUE DE LA LANGUE

1. Quel sport faites-vous? du football américain? du foot (*soccer*)? du basket (*basketball*)? de la course à pied (*track*)? de l'athlétisme (*body building*)? de la lutte (*wrestling*)? du ski de fond (*cross-country ski*)? du cyclisme (*cycling*)? de l'alpinisme (*mountain climbing*)? de la voile (*sailing*)? de la rame (*rowing*)? du footing (*jogging*)?
2. En employant les termes **efficace**, **se décontracter**, **c'est extra**, **vachement**, **c'est utile**, **formidable** expliquez pourquoi vous préférez votre sport favori.
3. Vous êtes directeur d'un centre sportif. Composez une publicité pour décrire les avantages que votre centre offre aux sportifs des deux sexes. Employez les adverbes **d'ailleurs** et **quand même** et les verbes **se renseigner** et **(se) tenir au courant**.
4. Au lieu de (*instead of*) la classe de français, on vous donne une journée de vacances à passer ensemble. Proposez des activités. Pour montrer votre satisfaction, employez les expressions suggérées ci-dessous (*below*).

Si vous êtes content(e) et voulez
le montrer, dites . . .

C'est formidable!
Je suis pour.
D'accord!
C'est marrant!
Ce n'est pas cher du tout!
C'est extra.
Je suis partant(e).
Chouette!
C'est vachement (+ *adjectif*).

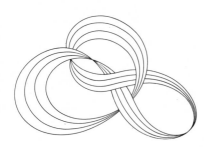

CONTROLE DU VOCABULAIRE

I. Trouvez une expression synonyme en vous servant des *Mots-clés* ou des expressions
de tout ce chapitre.

   1. Mon ami rit toujours, il a _____.
   2. Cet objet ne coûte pas beaucoup d'argent, il n'est _____.
   3. Je désire faire du karaté, j'ai _____ de faire du karaté.
   4. Cet homme peut vous donner des informations, il peut vous _____.
   5. Votre musique me rend nerveuse, elle m'_____.

II. Complétez les phrases par un mot qui correspond au sens de la phrase.

   1. Je fais du yoga pour me _____.
   2. Aidez-moi à résoudre ce dilemme; donnez-moi votre _____.
   3. Je suis pacifiste; je refuse de me _____.
   4. Allez donc voir ce comédien; il est vraiment _____. Il vous fera mourir de rire.
   5. Je n'aime pas nager dans les _____ à cause du chlore.

ACTIVITES D'ENSEMBLE

1. Dans votre vie d'étudiant(e), qu'est-ce qui est embêtant? Qu'est-ce qui est marrant?
Qu'est-ce qui est chouette?
2. Pourquoi, à votre avis, Claire Bretécher est-elle populaire aux Etats-Unis? A quelles
B.D. comparez-vous *les Frustrés*? Lesquelles sont plus amusantes? satiriques?
profondes?

3. Si vous étiez dessinateur, quel type de B.D. aimeriez-vous faire? des bandes amusantes? des histoires d'aventures? des caricatures sociales ou politiques? Expliquez votre choix.
4. Imaginez la conversation suivante et dessinez votre propre B.D. si possible. Trois ami(e)s parlent de sports; l'un(e) est trés sportif (-ve), l'autre n'a pas envie et cherche des excuses. Le (la) troisième est pris(e) entre les deux.

DEUXIEME PARTIE
LA PAROLE SUR LE VIF

The following interviews are among the hundreds which Pierre Dumayet has conducted over more than twenty years. Today M. Dumayet often appears on French television, while also serving as an M. C. on a regular radio program.

Pierre Dumayet
(1925–   )

UNE INTERVIEW DE MADAME SOLEIL

Madame Soleil est bien connue de tous les Français. Elle apparaît à la télévision et prépare chaque semaine un horoscope pour *France-Dimanche* qui est un des journaux les plus populaires de France. Avec Pierre Dumayet, Madame Soleil parle franchement d'elle-même, de ses clients et de ses expériences de voyante. Mais, les mérites d'une voyante se jugent à distance. Dans cet interview, qui date de 1962, Madame Soleil parle d'un Américain célèbre et fait certaines prophéties sur son destin.

— *Madame Soleil, vous êtes voyante: savez-vous quand vous mourrez?*

— Oui, je le sais. Je mourrai *sur la voie publique*, as-   on a public thoroughfare
sassinée probablement.

— *Quand?*

— Je ne peux pas vous le dire: j'ai des enfants.

— *Etes-vous heureuse ou malheureuse de savoir la date de votre mort?*

— Très heureuse.

— *Pourquoi?*

— Moi, Monsieur, je crois à la succession des vies. Je sais que tous mes actes de cette existence-ci détermineront ce que je serai dans ma vie future. C'est donc très important pour moi de savoir de combien de mois, de combien d'années *je dispose* pour accomplir ce que je souhaite faire.   I have at my disposal

— *Si je vous donnais ma main à regarder, et si vous y voyiez ma mort* inscrite . . .   *written in it*

— On la voit toujours!

— *Oui? Je continue: si vous voyiez ma mort proche, très proche, me le diriez-vous?*

— Je ne vous connais pas encore assez pour vous répondre. Je ne sais pas si vous avez le courage de la vérité; je ne sais pas ce que vous croyez . . . Mais si je découvrais au cours de notre entretien que vous avez quelque chose d'important, d'utile à faire pour d'autres—un livre à écrire, que sais-je?—alors, oui, je vous dirais la vérité. Je vous dirais: «Dépêchez-vous, vous n'allez pas avoir le temps . . .»

— *Vous arrive-t-il souvent de donner cet avertissement?*

— Pas souvent, non. Je l'ai dit à Gérard Philipe.[1] En général, quand je crois la mort proche, je dis simplement: «Vous allez être très malade. N'ayez pas peur: c'est au moment où les choses seront les plus dangereuses qu'il y aura en vous une sorte de révélation, d'*éblouissement*—un soudain retour   *daze* à un meilleur état de santé.»

— *Cet «éblouissement», ce «meilleur état de santé», c'est la mort?*

— Oui, c'est l'image vraie de la mort.

— *Pour vous sans doute, mais pour le client? Dois-je en conclure que vous ne dites pas toujours* crûment *ce que*   *bluntly* *vous «voyez»?*

— Je le dis quand il me paraît utile de le dire. Mais ne croyez pas que ce soit uniquement le moment de leur mort qui préoccupe les gens. C'est quelquefois la mort des autres.

— *Des autres?*

— De *la tante à héritage*, de la femme, du mari; des   *an aunt from whom one* couples sont si *mal assortis* que la mort de l'un intéresse   *expects an inheritance* souvent l'autre . . .   *ill matched*

— *Va-t-on jusqu'à vous demander d'accélérer les choses?*

— On me l'a quelquefois demandé.

— *En général, pourquoi vient-on vous voir?*

—Parce qu'on a peur. Parce qu'on a besoin de *s'entendre raconter* et qu'un autre vous comprenne. On vient chez moi   *to hear oneself talk* pour se rassurer et aussi pour *prendre des forces*. J'ai une force   *acquire strength* de gorille, moi, Monsieur, je n'y peux rien. Quand les gens viennent me voir, même s'ils doivent *passer par des épreuves*   *go through terrible hardships* *terribles, je les retape*, je les oblige à *aller jusqu'au bout*.   *I cheer them up / go all the way*

— *Vous arrive-t-il de conseiller des ministres?*

— Oui; *des chefs d'Etat* aussi. Il y en a un . . . je lui   *heads of state* avais conseillé de ne pas retourner dans son pays; il ne m'a pas écoutée, il est parti; il est en prison maintenant.

[1]A French actor who died at the age of 38, at the height of his fame.

— *Pourquoi, malgré vos conseils, est-il reparti pour son pays?*

— Par orgueil.

— *Est-ce qu'il vous arrive de conseiller des ministres; avez-vous des clients parmi les membres de l'actuel gouvernement?*

— Oui.

— *Un, ou plusieurs?*

— Plus d'un, mais ne comptez pas sur moi pour vous dire leur nom.

— *Quel âge ont vos clients, généralement?*

— De 30 à 60 ans.

— *Comment votre clientèle est-elle composée?* *de femmes, surtout?*

— Pas du tout, je vois autant d'hommes que de femmes.

— *Quelles sont, généralement, les préoccupations des femmes qui viennent vous voir?*

— Ce sont les affaires de coeur qui les hantent le plus. Les femmes ont *un sens aigu de la fatalité*; elles viennent me voir parce qu'elles veulent la *vaincre*—surtout vers quarante ans. [*an acute sense of fate / conquer*]

— *Et les hommes?*

— Les hommes de 30 à 40 ans m'interrogent sur leur vie professionnelle, sur leur réussite. Les sentiments ne les intéressent pas . . . A cinquante ans, ils *traversent* une crise comparable à celle que les femmes *subissent* à quarante ans; *ils font l'inventaire* de leur vie et deviennent à nouveau des sentimentaux; leurs questions changent. [*go through / undergo / they draw up a balance sheet*]

— *Que pouvez-vous me dire du niveau social de votre clientèle?*

— Ce sont des médecins, des industriels, des artistes, des hommes politiques, des femmes qui travaillent; d'autres qui ne travaillent pas et qui ont trop de temps devant elles . . .

— *Vous lisez donc le passé et l'avenir dans les mains et dans les astres: pouvez-vous me dire, concrètement, ce qui se passe, quand un client entre dans votre cabinet?*

— D'abord, je le regarde — vous n'avez qu'à regarder un visage et une main et vous savez qui est en face de vous. Tenez, actuellement, je sais de vous ce que me dit votre front qui est jupitérien; votre oeil, qui est mercurien. . . Heureusement pour vous, *votre maxillaire élargi tempère votre causticité*. Vous avez le *pavillon de l'oreille* . . . [*your wide jawbone tempers your caustic spirit / ear lobe*]

— *Je vois, je vois. Quand votre client arrive, lui serrez-vous la main?*

— Bien sûr. C'est le meilleur moyen de savoir s'il a la main chaude, froide, *molle*, sèche, dure. [*limp*]

— *Qu'est-ce que ça signifie?*

— Quand la main est sèche vous avez un type nerveux. Si elle est sèche et humide à la fois, c'est un nerveux émotif. Si la main est rouge, *carrée*, sèche, dure, c'est un actif; je regarde *le pouce* aussi, très important le pouce. La vitalité se reconnaît au pouce. [*square / thumb*]

— *Revenons à votre client; il est assis en face de vous, vous savez ce que son visage et ses mains vous ont appris sur lui. Vous connaissez son thème astral, vous l'avez étudié. Bien. Les conditions sont-elles réunies maintenant pour que vous «voyiez» son avenir?* [*combination of ascendant and birth sign / satisfied*]

— Voyez-vous, *la chirologie* et l'astrologie sont des mé- [*palmreading*] thodes d'approche pour la voyante: quand vous avez appris, grâce à elles, tout ce que vous pouvez savoir sur un être, il vous reste à *vous mettre dans la peau de cet être-là* qui est *put yourself in that person's place* en face de vous. Tout ce que vous savez de lui, vous essayez de le devenir. Finalement, je m'interroge comme si j'étais lui et j'essaie de sentir s'il y a un élément positif ou négatif dans ce qui va lui arriver. Pour cela, il faut que je fasse une sorte de silence en moi. Et si j'y *parviens*, alors, *je lance un appel* *réussis / I appeal* aux forces qui m'entourent et *dans lesquelles je puise*, et la *on which I draw* réponse que je lui donne, à ce moment-là, vient à la fois de la connaissance que j'ai de lui et de ce qu'on m'envoie *par ailleurs* . . . de la part de divin qu'il y a en moi comme en tout *through another route* être humain.

— *Si je comprends bien «être voyante», «voir», serait plutôt entendre?*

— Voir n'est pas le mot juste. «Voir», pour moi, c'est sentir ou plutôt, c'est ressentir. Quand on est dans cet état, une éloquence vous vient, des images vous viennent et vous exprimez par la voix ce qu'intérieurement vous venez de pressentir.

— *Comment vous êtes-vous aperçue que vous aviez ce don de voyance?* *gift of clairvoyance*

— *Ça remonte à mon enfance* . . . Quand je disais: «Il *it goes back to my childhood* va arriver ça», il arrivait ça . . . Un jour j'ai dit: «Le château brûlera.» Et il a brûlé.

— *Ce fut votre première prédiction?*

— L'une des premières, oui. Un peu plus tard—j'avais 17 ans—je me suis trouvée en face d'une jeune fille que je connaissais bien. Je l'ai vue *environnée de* flammes. J'ai senti *surrounded by* qu'elle brûlerait, qu'elle allait brûler . . . Je lui ai dit: «Tu vas brûler vive.» Huit jours après, cette pauvre fille *a fait exploser* *caused her oil stove to* *son réchaud*: elle est morte comme je l'avais prévu. *explode*

— *Vos clients vous demandent-ils quelquefois de les «guérir»?*

— Cela arrive.

— *Vous sentez-vous capable de les guérir?*

— Oui, j'ai une *bonne rate*. *healthy spleen*

— *Pardon?*

— Tous les gens qui ont une bonne rate sont capables de guérir les autres; c'est la rate qui accumule l'énergie solaire.

— *Que prévoyez-vous pour 1962?*

— Des ennuis très graves en Amérique. Un racisme qui ne va pas, mon Dieu, faciliter la tâche du président Kennedy — qui n'ira pas jusqu'à la fin de son *mandat*. *term*

— *Non?*

— Il y a une fatalité sur cet homme . . .

sur le vif *caught on the spot, live*
le voyant, la voyante *clairvoyant*
le destin *destiny*
prévoir (*pp* prévu) *to foresee*
la vérité *truth*
proche *close*
se dépêcher *to hurry*
l'avertissement *warning*
l'état (m) de santé *state of health*
avoir peur de *to fear*
la force *strength*
conseiller à quelqu'un de + *inf to advise*
  someone to

le conseil *advice*
l'orgueil *pride, arrogance*
les affaires (f) de coeur *love affairs*
l'avenir (m) *future*
le niveau social *social level*
les astres (m) *stars*
sentir, ressentir *to feel, to feel deeply*
pressentir *to have a foreboding of*
guérir *to cure*
prédire *to predict*

EXPRESSIONS UTILES

Pouvez-vous me dire ce qui se passe? *Can you tell me what's happening?*
Qu'est-ce que cela signifie? *What does that mean?*
Et puis? *And then?*

COMPREHENSION DU TEXTE

1. La voyante sait-elle quand elle mourra? Quels sont ses sentiments à ce sujet?
2. Quand dit-elle à un client la vérité au sujet de sa mort?
3. Pourquoi vient-on le plus souvent consulter Madame Soleil? De quoi ses clients ont-ils besoin?
4. Quels types de clients masculins reçoit-elle?
5. Pourquoi les femmes viennent-elles la voir?
6. Qu'est-ce que la voyante observe quand un client entre dans son cabinet?
7. Après avoir examiné le thème astral et les mains du clients, comment Madame Soleil voit-elle son avenir?
8. Racontez l'expérience qui lui a révélé son don de voyance.
9. Qu'est-ce que les clients malades demandent?
10. Quel événement historique américain Madame Soleil avait-elle prédit? Sa prophétie est-elle complète?

COMPREHENSION GENERALE

1. Dans cet entretien, Madame Soleil vous donne-t-elle l'impression d'être une authentique voyante ou une femme habile (*clever*)? Sur quelles réponses basez-vous votre jugement?

2. Avez-vous déjà consulté une voyante? une palmiste ou chirologue? certaines prédictions étaient-elles exactes? Etes-vous sceptique ou crédule?
3. Aimeriez-vous avoir un don de voyance? Pourquoi? Pourquoi pas?
4. Les voyantes et les horoscopes ont-ils la même popularité aux Etats-Unis? Connaissez-vous une Madame Soleil américaine?

PRATIQUE DE LA LANGUE

1. En employant les verbes **sentir**, **ressentir**, **pressentir**, **prédire**, **prévoir**, décrivez un cas de perception extra-sensorielle dont vous avez été le sujet ou dont vous avez entendu parler.
2. Si vous aviez eu un pressentiment et que vous puissiez consulter une voyante, quelles explications demanderiez-vous? Employez l'expression **sur le vif** et les *Expressions utiles*.
3. Comme un journaliste qui observerait une voyante en action, interrogez les spectateurs sur les sujets suggérés par ces mots: **l'avertissement**, **les astres**, **proche**, **la vérité**, **le destin**, **l'avenir**, **la force**, **la santé**, **guérir**.
4. Quels conseils Madame Soleil pourrait-elle donner à ces personnes: (a) un homme d'état orgueilleux; (b) une star célèbre; (c) une femme qui se sent trop seule; (d) une étudiante ambitieuse; (e) un professeur découragé?

Pierre Dumayet

(1925–   )

INTERVIEW D'UN COUPLE «DOMINO»

Interroger un couple de nationalité et de couleur différentes sur une question aussi controversée que le racisme peut être difficile ou même indiscret. Les réponses que Dumayet obtient sont franches mais elles sont déterminées par une expérience personnelle qui ne reflète pas nécessairement la vie de tous les couples de couleurs différentes. En présence d'une Française, épouse d'un Africain noir, et de leur ami, un professeur noir, Dumayet aborde la question des préjugés mais, surtout, il fait parler ces personnes de leurs expériences culturelles.

— Les Français sont-ils racistes sans le savoir?

J'ai posé cette question à un couple «domino». Il est noir. Elle est blanche. La jeune femme est une Française de Marseille. Le mari est né en Gambie. Il est photographe, homme de théâtre et de cinéma. Mais ils sont parisiens tous les deux.

(Quand j'arrive, Madame est seule. Pâle, belle, vêtue d'un *ensemble blanc*; en attendant son mari, nous abordons tout de suite le problème.)   *white outfit*

— Je n'aime pas en parler. Ce n'est pas que ce soit sans importance. Mais les exemples que je peux donner sont telle-

ment *terre à terre*, tellement bêtes. Il y aura toujours des gens   *petty, commonplace*
bêtes et des gens intelligents. Les gens aiment le bleu ou ils
n'aiment pas le bleu. Pour le noir, c'est pareil.

    — *Cela est certain; mais ma question est: «Sommes-*
nous, sans le savoir, un peu racistes?»

    — Sûrement. Et il en sera toujours ainsi. Je ne crois pas
du tout au progrès dans ce domaine-là.

    — *De quelles manifestations de racisme avez-vous été*
le témoin? Est-ce dans certains lieux, particulièrement?

    — Lorsque je cherchais un appartement à louer, on me
demandait, dans les agences, ce que faisait mon mari et
lorsqu'on apprenait qu'il était noir, on me disait: «C'est inutile
que vous alliez visiter cet appartement; cette dame n'acceptera
certainement pas un Noir.» Parce qu'ils pensent que le Noir
est sale, qu'il mange *par terre*, etc. Et même les gens de   *on the floor*

l'immeuble n'auraient pas aimé qu'il y ait un Noir parmi les locataires. Autre exemple, quand je me promène avec mon mari, il arrive, si je l'embrasse, qu'on me traite, en passant, de «salope» . . . Et cela, parce que l'on a toujours dit que la femme blanche ne pouvait être la compagne d'un Noir que pour des raisons sexuelles. Pour les trois quarts des gens qui sont racistes, c'est ça. *slut*

— *Comment votre famille a-t-elle accepté l'idée de votre mariage?*

— J'ai perdu mon père, mais avec ma mère, il n'y a eu aucun problème, aucune difficulté. (Silence.) Mes grands-parents *ignorent* encore mon mariage et je ne leur dirai jamais. *are unaware of*

— *Pourquoi?*

— Ils sont trop âgés et cela leur ferait un chagrin énorme.

— *Ne vous a-t-on jamais dit: «Vos descendants, maintenant, ne seront plus jamais blancs; vos enfants vous en voudront peut-être un jour; etc.»?* *will bear you a grudge*

— Je n'ai pas pensé à cela. Je crois que le racisme *ira en diminuant*. Je ne pense pas que mes enfants auront à souffrir de ne pas être blancs. Je ne le crois pas. *will diminish*

— *Que les enfants de vos enfants ne soient plus jamais blancs, cela vous amuse, vous chagrine un peu ou vous est indifférent?*

— Je n'y pense pas. Je suis ravie que mes filles aient la couleur qu'elles ont: c'est très joli.

— *Avez-vous été surprise d'aimer un visage noir?*

— Non. Quand j'étais *gosse*, un visage noir *m'impressionnait*, me faisait peur. Les premiers Noirs que j'ai vus étaient des Sénégalais: ceux qui ont libéré Marseille.[1] A ce moment-là, le noir me faisait peur. Maintenant, je ne vois plus la couleur. *a kid* *perturbed me*

— *Puis-je vous demander si, depuis que vous êtes mariée, il vous est arrivé de vous sentir coupable d'un certain racisme?*

— Très honnêtement, non.

(Arrive un ami de la famille; un professeur noir. Je lui pose ma première question, celle sur le racisme en France.)

L'AMI. — On ne peut pas comparer le racisme violent des Américains et parfois des Anglais au racisme des Francais. Le racisme des Américains et des Anglais est un racisme biologique; le racisme français est un racisme de culture. Les Français pensent qu'ils ont eu une mission *civilisatrice*. Il est donc normal qu'ils se considèrent supérieurs à ceux qu'ils ont cru civiliser. Pour un Américain, un nègre est un homme d'une *civilizing*

[1]French colonial shock troops who established the beachheads leading to the Allies' liberation of the South of France in 1944.

espèce différente. Pour un Français, un Noir est une personne qui n'est pas du pays de Descartes. . . [1]

— *A propos, ne peut-on parler d'un racisme de Noirs à l'égard des Blancs?*

L'AMI. — Il peut exister, en effet: c'est presque uniquement un réflexe de défense, une réaction, ce n'est pas une attitude traditionnelle.

MADAME. — Je suis sûre que, dans certaines familles africaines, une femme blanche *serait très mal vue*. Pourquoi? *would be frowned upon*

L'AMI. — Par prudence; par crainte. En Europe, quand on se marie, on épouse un individu; en Afrique, on épouse une famille. C'est beaucoup plus difficile. D'autre part, le père et la mère du garçon noir peuvent se dire: elle veut épouser mon fils, mais mon fils sort de l'université. Et nous, nous ne sommes pas allés à l'université; peut-être ne va-t-elle pas nous accepter. C'est très souvent par peur, par sentiment d'infériorité que les familles africaines refusent ces mariages.

(Arrivée du mari; je pose à nouveau «la question».)

LE MARI. — Je pense *foncièrement* que les Français sont *deep down*
racistes, mais *je conçois* le racisme. Je comprends parfaitement *I can figure out*
qu'un Noir n'aime pas un Blanc et qu'un Blanc n'aime pas un Noir.

— *Et pourquoi pensez-vous «foncièrement» que les Français sont racistes?*

— Le racisme existe à différents niveaux. Chez le paysan, c'est un racisme de *méconnaissance, facile à dissiper*. Il suffit *misappreciation, easy to clear up*
de dire: «Si je me coupe la main, il sort du sang rouge; si tu te coupes la main, il sort du sang rouge; on est pareils. . .»

— *A un autre niveau?*

— Prenons la province. Déjà un *Bordelais* à Lyon n'est *a person from Bordeaux*
pas tout à fait un Lyonnais. A Lyon, justement, on m'a refusé l'entrée d'un club.

— *D'un club?*

— D'une *boîte* qui avait justement fondé sa publicité sur *boîte de nuit: night club*
le fait qu'un Noir n'y pouvait pas rentrer.

— *C'est étrange, non?*

— Maintenant, arrivons à Paris. Les rapports entre les Noirs et les Parisiens sont très différents: le racisme commence d'exister au moment où les gens sentent qu'on est trop proche d'eux. Les *petits* étudiants qu'on voit au quartier Latin[2] ne *young*
gênent personne . . . , mais quand on commence *à grimper*, *to move up the social ladder*
on constate une réaction de défense, *un souci de saper* l'ascen- *an effort to undermine*
sion.

[1] The philosopher Descartes (1596–1650) is considered the epitome of a type of rational thinking valued by the French.
[2] A large number of Black Africans study in French universities, particularly at the Sorbonne.

— *Vous a-t-on, à Paris, interdit l'entrée d'un lieu public?*

— Tiens, il y a trois jours, je suis allé chercher du pain. Il était sept heures et demie. La boulangère était *sur sa porte*. Elle m'a dit: «C'est fermé, je ne *sers* plus.» Et je l'ai entendue *marmonner*: «Moi, ceux-là, *je ne peux pas* les voir. C'est physique . . .»

on her doorstep
I am not serving (any more customers)
mutter
I cannot stand them

— *C'est physique?*

— Oui. Prenez deux garçons: un Noir et un Blanc. Ils peuvent très bien vivre ensemble. Un jour arrive une fille blanche: même si le garçon blanc *n'en a que faire*, il se passe quelque chose en lui, analogue à une frustration, qui *provoque un déclic* et le voilà raciste!

doesn't care for her

triggers a reaction

— *Etes-vous déjà allée en Afrique, Madame?*

Mme X . . . — Non.

— *C'est un* parti pris?

Is it deliberate?

M. X . . . — Je n'ai jamais proposé à ma femme de l'emmener faire un tour en Afrique parce que j'estime personnellement, qu'elle devra y vivre, un jour, et non s'y promener comme une touriste. Ma femme, à Paris, *fait l'apprentissage de* la vie africaine. C'est un apprentissage nécessaire pour ne pas être déçu.

is learning about

— *Par exemple?*

— *Cela tient à* des détails. Ainsi, ma femme a compris que lorsque nos amis africains avaient fini de manger, elle devait leur apporter un pot pour se laver les mains. Elle a appris, compris ça d'instinct.

It's a matter of

Mme X . . . — Ce n'était pas bien difficile: au restaurant, dans certains cas, on nous apporte bien des *rince-doigts* . . .

finger bowls

— *Que doit encore savoir une femme avant de partir, mariée, pour l'Afrique?*

— Il faut savoir, et admettre, et comprendre, que les Noirs parlent des heures pour ne rien dire et qu'on aurait tort d'en être irrité. Il faut savoir, mon ami vous le disait quand je suis arrivé, qu'en épousant un garçon, on épouse sa famille. Aussi, hier après-midi, ma jeune soeur est venue, avec quelques copines et a dit: «On vient faire la cuisine.» En Afrique, ça se fait. En France, ça ne se fait pas. On téléphone d'abord . . .

D'un autre côté, il faut que moi, je respecte les habitudes françaises. Il n'est pas question d'amener une femme française en Afrique et qu'elle n'ait pas de salle de bains. Si elle m'empêchait d'aller au marigot et moi si je l'empêchais d'aller dans sa salle de bains, ça n'irait pas. L'harmonisation est nécessaire.

Madame. — Le marigot, qu'est-ce que c'est?

Monsieur. — C'est l'endroit de la rivière où l'on va se laver.

MOTS-CLES

controversé *controversial*
le préjugé *prejudice*
aborder une question *to raise an issue*
être le témoin *to witness*
louer *to rent*
le locataire *the tenant*
embrasser *to kiss*
traiter quelqu'un de (+ *noun*) *to call
  someone a . . .*
épouser *to marry*
le chagrin *the grief*
en vouloir à *to hold a grudge against*

à l'égard de *toward, with regard to*
interdire *to forbid*
les rapports (m) *relations*
le sentiment *feeling*
gêner *to bother, to embarrass*
emmener faire un tour *to take someone on
  a trip or a walk*
déçu *disappointed*
les habitudes (f) *customs, habits*
le copain, la copine *friend, buddy*
faire la cuisine *to cook*
se sentir coupable *to feel guilty*

EXPRESSIONS UTILES

sans le savoir *without being aware of it*
C'est pareil. *It's all the same.*
Est-ce qu'il vous est arrivé de (+ *inf. clause*)? *Have you had the experience of . . .*
C'est étrange, non? *It's weird, isn't it?*
Je suis ravi(e). *I'm delighted.*
Ça ne se fait pas. *That isn't done. That's not good manners.*

COMPREHENSION DU TEXTE

1. Comment Pierre Dumayet aborde-t-il la question quand il arrive chez la dame?
2. Comment la dame évite-t-elle la question (*avoid the issue*)?
3. Quelles formes de racisme l'ami professeur décrit-il?
4. Cette dame est-elle consistante dans son optimisme à l'égard du racisme? Citez des exemples.
5. Quelles manifestations de racisme a-t-elle observées?
6. Comment le mariage est-il différent en Afrique et en Europe?
7. Pourquoi le mari n'a-t-il pas pu entrer dans un club à Lyon?
8. Pourquoi, à un certain niveau social les rapports entre Blancs et Noirs sont-ils différents?
9. A quoi tient l'apprentissage d'une autre culture? Donnez des exemples qui caractérisent la vie africaine.

COMPREHENSION GENERALE

1. Pierre Dumayet aborde-t-il bien le problème? Trouvez-vous certaines questions indiscrètes ou pas assez précises?

2. Comment le mari montre-t-il que le racisme est une question complexe qui dépend de facteurs sociaux ou même géographiques?
3. L'ami professeur n'a-t-il pas tendance à généraliser? Etes-vous d'accord avec ses comparaisons? N'a-t-il pas lui-même certains préjugés?

PRATIQUE DE LA LANGUE

1. Vous avez été témoin d'une dispute entre un propriétaire (*landlord*) et un locataire. Vous rapportez leur conversation à un ami en employant les termes **traiter d'imbécile**, **en vouloir à**, **louer**, **les habitudes**, **interdire**, **ça ne se fait pas**, **être déçu**.
2. Les étudiants considèrent-ils les copains comme une extension de la famille? Faites un sondage (*survey*) dans votre classe. Posez des questions comme celles-ci: Quand vous allez chez des amis, téléphonez-vous d'abord? Qui fait la cuisine? Abordez-vous toutes les questions? Parlez-vous de vos sentiments?
3. Si vous êtes allé dans un pays étranger, avez-vous observé des différences culturelles? à quel niveau? Avez-vous été gêné? Qu'avez-vous trouvé étrange?
4. En utilisant le vocabulaire et les *Expressions utiles*, préparez l'interview suivant: Pour la télévision, un(e) journaliste interroge des fiancés qui vont former des couples «dominos» américains, africains et français.

The success of Marie Cardinal's books, Les Mots pour le dire *and* Autrement dit, *is quite recent and was achieved almost overnight. Born, like Albert Camus, to a family of French settlers in Algeria, she came to France as a student. Then came marriage, children, a bout with illness, and a nervous breakdown followed by psychoanalysis. Marie Cardinal lived through years of anguish and deliverance that form, directly or indirectly, the subject matter of several of her books. It is said that she did more than any other writer to popularize the women's movement in France during the 1970s.*

Autrement dit is the product of an intriguing experiment that Marie Cardinal undertook with Annie Leclerc, another novelist. Sitting in front of a tape recorder and prodded by her friend, Marie Cardinal talks about her experience as a writer, as a woman, as a neurotic, as a lover and as a mother. From this confession she has fashioned a book that is both "spoken" and "written," alternating between outbursts of self-expression and rationalized commentary.

Marie Cardinal
(1929–)

LA PAROLE QUI DELIVRE

Annie Leclerc joue un peu le rôle d'un psychiatre. Dans ce passage, extrait de *Autrement dit*, elle remet Marie en présence de ses anxiétés. Mais Marie est guérie et aujourd'hui, elle peut parler de la mort sans être hantée par la peur. Marie Cardinal, sociologue et philosophe, évoque des anecdotes personnelles et s'interroge aussi sur le sens que les différentes cultures donnent à la mort.

Où Annie me pousse-t-elle?

Je suis née à quarante ans sachant parler le français et capable de le dire. Tout est neuf. Je suis neuve. Je viens de sortir d'un *souterrain* interminable et noir où j'étais horriblement seule. Je suis heureuse de rencontrer les autres, enfin. Ce que j'ai senti, ce que j'ai perçu à *travers le courant de* ma maladie, j'ai envie de l'exprimer. Il faut que je parle, il faut que j'écrive. J'ai vécu longtemps, avant, dans une terreur intense qui ne me quittait pas. Peur de ma condition d'être humain. Peur de l'absurdité que cela représentait. Peur d'un non-sens universel dans lequel j'étais totalement impliquée. Incapacité d'*accrocher* la raison, ce que je croyais être les *fondements* de la raison, à l'univers, à ce qui m'entourait: les gens, les choses, le reste. Peur de la mort et peur de la vie qui contient le germe de la mort.

tunnel

as I drifted through

to connect with the basis

Marie: A propos de la mort: une jeune amie *Québécoise* *a séjourné* chez moi il y a quelque temps. C'était la première fois qu'elle venait en Europe, elle ne connaissait que la vie américaine. Un jour elle était sur le balcon de mon appartement. (J'habite *un grand ensemble* et mon balcon donne sur une petite *place* autour de laquelle sont disposés des immeubles). Ce jour-là il y avait un *corbillard stationné sur la placette*. Louise l'a remarqué et m'a demandé si le chauffeur qui le conduisait habitait dans les immeubles.

from Quebec
stayed

apartment building
square
a hearse parked in the little square

«Non, je ne crois pas, c'est simplement un corbillard qui est venu chercher un mort pour son enterrement.

— Un mort dans l'immeuble? Il peut y avoir quelqu'un de mort dans l'immeuble?

— Bien sûr. »

Elle était immédiatement rentrée dans la maison, elle était émue, elle n'osait pas comprendre.

«Mais comment . . . On peut mourir dans un immeuble. On garde les morts ici?

— Oui. »

Je lui ai expliqué qu'en France *c'était interminable*, qu'on gardait les morts au moins trois jours, tandis qu'en Algérie, à cause de la chaleur, une loi veut qu'*on les déblaie* dans les vingt-quatre heures.

it was an endless process

they are cleared away

La fille *n'en revenait pas*, elle était complètement bouleversée. Chez elle, dans la demi-heure qui suit la mort d'une personne, si par hasard elle est morte chez elle et non à l'hôpital, on l'embarque subrepticement pour un «funeral home». Là on vous maquille, *on vous arrange*, on vous habille, on peut même vous embaumer, etc.

couldn't get over it

they fix you up

Par exemple Yvon, un copain de ma fille, m'a raconté comment ça s'était passé pour sa grand-mère. Il est d'une famille très pauvre. Il a des tantes et des oncles qui ne savent ni lire ni écrire, on leur a seulement appris à signer leur nom pour *la paperasserie*. Ils ont toujours vécu dans la misère. (Et la misère, en Amérique du Nord, au milieu des gratte-ciel, des Cadillac et des *gazons bien tondus*, je trouve que c'est encore pire qu'ailleurs.) En plus de ça cette malheureuse femme, la grand-mère, avait eu vingt et un enfants . . . Tu te rends compte! *Bon, la voilà qui meurt.* La famille *s'est cotisée* et on a payé dix dollars pour une robe en *papier crépon* et des souliers en *carton*, décents, fournis par le *funeral home* et ils ont payé aussi pour qu'on la maquille et qu'on lui fasse une belle *coiffure de douairière*. Si bien que la pauvre vieille s'est trouvée morte, *allongée*, comme ça, comme elle ne l'avait jamais été dans sa vie: une vieille dame honorable qui repose paisiblement. Toute la famille vient, on boit du Coca-Cola,

red tape

manicured lawns

Okay, so she dies.
all chipped in / crepe paper
cardboard

dowager's hairdo
stretched out

on mange des chips, on bavarde, on fait comme si la grand-
mère n'était pas morte, comme si elle faisait la sieste. Il y en
a qu'on installe dans des rocking-chairs. Mon mari a vu une
vieille dame qu'on avait assise dans un fauteuil avec son
tricot . . .   *knitting*

Ça va avec le capitalisme. Quand on vit dans ce système,
comme les Américains y vivent, la seule raison d'exister c'est
la possession de biens matériaux, c'est l'argent. Dans ces conditions la mort est inacceptable, insupportable. Alors on la nie.
On en a honte et les pauvres ont encore plus honte que les
autres de mourir: puisqu'ils sont pauvres c'est qu'ils n'ont pas
su vivre.

Tu sais qu'il y a à Los Angeles, je crois, un endroit où
les *milliardaires* se font congeler dès qu'ils sont morts. Il paraît   *billionaires*
qu'il y a Walt Disney là-dedans et Onassis aussi. Le jour où
on trouvera *la parade à* ce qui a causé leur mort on les ré-   *a way to avoid*

chauffera, on les soignera et on les rendra à la vie. C'est une négation radicale de la mort.

Une idéologie capitaliste, une économie capitaliste, ne peuvent que *couper* les humains *du* rêve, de l'imagination, de l'univers, du cosmos. On se bat pour posséder le plus possible, on n'est plus qu'un robot à faire du *pognon*.

cut off . . . from

dough (slang)

Annie: En fait *en nous écartant de la mort*, en nous coupant de la mort, on nous enlève la vie.

by warding off death

Est-ce que tu as vu la mort *de près*? Est-ce que tu l'as suivie autour de toi?

from close up

Marie: Pendant tout de le temps de ma maladie l'angoisse de la mort ne m'a pas quittée. J'étais constamment en contact avec elle, je ne voyais qu'elle, je ne vivais qu'avec elle. Et ça a duré des années. Cette mort-là je la connais par coeur. Mais c'était une mort *névrotique*, une mort incompréhensible, inacceptable, comme celle des Américains. Non seulement elle ne me quittait jamais mais, *par-dessus le marché*, j'étais hantée par le suicide.

neurotic

on top of it all

MOTS-CLES

délivrer *to free, to liberate*
le sens *meaning*
le psychiatre *psychiatrist*
être hanté par *to be haunted by*
neuf, neuve *brand-new*
rencontrer *to meet*
percevoir (*pp* perçu) *to perceive*
exprimer *to express*
la raison *reason*
l'être humain (m) *human being*
ému (e) *moved, touched*
bouleversé *upset*
garder *to keep*

maquiller *to make up (cosmetics)*
embaumer *to embalm*
la misère *poverty*
la coiffure *hairdo*
bavarder *to chat*
les biens matériels (m) *goods, possessions*
nier *to deny*
la honte; avoir honte *shame; to be ashamed*
congeler *to freeze*
soigner *to nurse, to care for*
enlever *to remove, to take away (from)*
l'angoisse (f) *anxiety*

EXPRESSIONS UTILES

A propos de *about, on the subject of*
Bien sûr! *Sure! Of course!*
Je trouve que . . . *I think (I'm of the opinion) that . . .*
Tu te rends compte! *Can you imagine?*

COMPREHENSION DU TEXTE

1. Que signifie cette phrase: «Je suis née à quarante ans»? Quels autres mots dans les quatre premières phrases renforcent l'expression de délivrance exprimée par cette phrase?

2. Pourquoi Marie Cardinal a-t-elle eu envie d'écrire?
3. Quels sentiments dominaient son angoisse pendant sa maladie?
4. Quelle a été la réaction de la jeune Québécoise quand elle a vu le corbillard? Qu'est-ce qu'elle ne comprend pas?
5. Que se passe-t-il au Québec dans la demi-heure qui suit la mort?
6. Racontez ce qui s'est passé à la mort de la grand-mère d'Yvon.
7. Quelle image d'une morte américaine le mari de Marie a-t-il gardée?
8. Pourquoi, selon l'auteur, la mort et la misère sont-elles inacceptables dans le système capitaliste?
9. Comment dit-on que certains milliardaires nient la mort?
10. Que se passe-t-il quand on nous coupe de la réalité de la mort?
11. Pendant sa maladie qu'est-ce que Marie Cardinal a ressenti?

COMPREHENSION GENERALE

1. Si vous étiez guéri(e) après une crise ou une maladie mentale, aimeriez-vous en parler? Quelle attitude Marie Cardinal a-t-elle en face de ce problème?
2. Connaissez-vous des sociétés qui ne cherchent pas à nier la mort? Que pensez-vous de l'opinion de Marie et Annie sur la mort dans l'idéologie capitaliste?
3. Comment ce text apparaît-il à la fois «écrit» et «parlé»? Relevez (point out) des expressions de la langue parlée.

PRATIQUE DE LA LANGUE

1. Un(e) ami(e) vous raconte une anecdote qui l'a choqué(e). Préparez un petit dialogue où vous employerez les termes **le sens**, **la raison**, **bien sûr**, **tu te rends compte**, **ému(e)**, **bouleversé**, **être humain**.
2. Qu'est-ce qui est le plus acceptable ou le plus inacceptable, le mort qu'on garde dans la maison? celui du *funeral home*, le mort congelé? Interviewez des camarades de classe et demandez-leur d'expliquer leur jugement.
3. Pensez-vous que Marie Cardinal et Annie Leclerc aient des préjugés contre les - Etats-Unis? Si vous pouviez les interviewer quelles questions poseriez-vous?

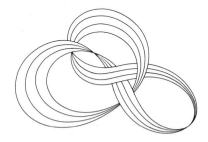

CONTROLE DU VOCABULAIRE

I. Dans le vocabulaire étudié dans le chapitre *La Parole sur le vif*, cherchez des termes qui ont:

   a. un sens opposé aux mots suivants: vieux; affirmer; innocent; la richesse; l'erreur.

b. un sens proche des mots et des expressions suivants: bouleversé; prévoir; je suis enchanté de vous rencontrer; dire de quelqu'un qu'il est fou; l'anxiété.

II. Pour compléter ces phrases, retrouvez le "mot clé".

1. Le cours de français va commencer vite, il faut _____ _____!
2. Ça ne vous _____ pas si je fume?
3. Pourquoi Louise a-t-elle un air si gêné? Elle semble _____ _____ de voir un psychiatre.
4. Paul parle parfois à sa femme comme à une enfant, n'est-il pas un peu chauviniste, sans _____ _____?
5. Je suis invité au mariage de Peter, sais-tu qu'il _____ une Francaise?
6. Je ne fais plus de sport, je mange trop, je fume trop, je prends de mauvaises _____.
7. Je voudrais connaître mon horoscope, me _____-vous de voir Mme Soleil?
8. Gérard avait blessé un ami par accident, mais il se sentait _____ et ne savait comment s'excuser.
9. Mon amie m'a offert une boite de cosmétiques, je crois que je vais essayer de me _____.
10. Marie a _____ un appartement dans un bel _____ donnant sur un square.

ACTIVITES D'ENSEMBLE

1. Si vous étiez journaliste, quelles sortes de gens aimeriez-vous interviewer? Des artistes? des écrivains? des gens ordinaires? Expliquez votre préférence.
2. Supposons que vous puissiez rencontrer deux Françaises bien connues comme Marie Cardinal, Claire Bretécher et Madame Soleil. Préparez, par écrit, les questions qu'il vous intéresserait de leur poser.
3. Parmi ces interviews, quelles questions vous intéressent personnellement et comment y répondriez-vous?
4. Composez une lettre adressée à un(e) ami(e) à qui vous racontez un épisode de votre vie qui s'est révélé conforme à votre horoscope.
5. Choisissez des étudiant(e)s pour jouer le rôle d'un(e) voyant(e). Interrogez-les sur votre horoscope, vos affaires de coeur ou votre avenir. Notez les douze signes du zodiac: le Bélier (*Aries*), le Taureau (*Taurus*), les Gémeaux (*Gemini*), le Cancer, le Lion, la Vierge (*Virgo*), la Balance (*Libra*), Le Scorpion, le Sagittaire, Le Capricorne, Le Verseau (*Aquarius*), les Poissons (*Pisces*).

TROISIEME PARTIE
POESIE ET PAROLES

Paul Fort was immensely proud of the title "Prince des Poètes," which his fellow artists bestowed on him in 1912. Fort had begun precociously; at the age of seventeen, he was expelled from his Paris lycée for having organized theatrical representations of the works of such reputedly "half-demented" poets as Verlaine, Rimbaud, and Mallarmé. Later, it was he who led the migration of poets and artists to Montparnasse, which became an international mecca for artists in the 1920s.

Paul Fort developed a poetic style all his own. His subjects are deliberately unpretentious, while in many ways his approach represents a return to the concept of poetry as an oral performing art. Freshness and apparent spontaneity are the chief qualities of his poems, which range in mood from naiveté to impertinence.

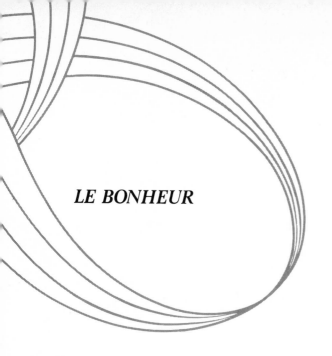

Paul Fort

(1872–1960)

LE BONHEUR

Un poème est généralement divisé en strophes. En français, les vers sont mesurés par le nombre de syllabes. La poésie de Paul Fort ressemble à de la prose, mais elle est structurée sur un rythme précis qui rappelle celui de certaines danses ou chansons populaires. Ainsi, par leur rythme alerte et leur contenu simple et un peu mystérieux, ces vers font penser aux petits poèmes que les enfants utilisent pour se compter dans leurs jeux (e.g.: *Eeny, meeny, miney, mo*).

Le bonheur est dans le pré. Cours-y vite, cours-y vite.
Le bonheur est dans le pré. Cours-y vite. Il va filer.
Si tu veux le rattraper, cours-y vite, cours-y vite.
Si tu veux le rattraper, cours-y vite. Il va filer.
Sur *les cornes du bélier*, cours-y vite, cours-y vite,   *the horns of the ram*
Sur les cornes du bélier, cours-y vite. Il va filer.
Sur *le flot du sourcelet*, cours-y vite, cours-y vite,   *the flow of the little spring*
Sur le flot du sourcelet, cours-y vite. Il va filer.
De pommier en cerisier, cours-y vite, cours-y vite,
De pommier en cerisier, cours-y vite. Il va filer.
Saute par-dessus la haie, cours-y vite, cours-y vite,
Saute par-dessus la haie, cours-y vite. Il a filé!

MOTS-CLES

la strophe *stanza*
le vers *line*
le rythme *rhythm*
la chanson *song*
le bonheur *happiness*
le pré *meadow*
filer *to clear out, run away, run off*

rattraper *to catch up (with), overtake*
courir *to run*
le pommier *apple tree*
le cerisier *cherry tree*
sauter *to jump*
par-dessus *over*
la haie *hedge*

EXPRESSIONS UTILES

Il va filer. *It's going to run away.*
Il a filé. *It's gone!*

COMPREHENSION DU TEXTE

1. Quelle association d'éléments abstraits et concrets surprend dans la première phrase?
2. Pourquoi les mots «si tu veux le rattraper» semblent-ils logiques après la première strophe?
3. Quels sont les éléments qui forment le cadre champêtre (*rustic background*) de ce poème?

4. Quels mots et quelles prépositions contribuent à créer une impression de fuite (*flight*)?
5. Qu'est-ce qui donne à ce poème un ton familier?

COMPREHENSION GENERALE

1. Quelle est l'idée du bonheur suggérée par les images? Est-ce une personne? un rayon de soleil? une abstraction? Expliquez votre choix.
2. Il y a un refrain dans ce poème. Quel est-il et quel est son sens? Dans sa familiarité, ce poème paraît vouloir nous donner un conseil. Quel serait ce conseil, à votre avis?

PRATIQUE DE LA LANGUE

1. Pour apprécier la qualité orale de cette poésie, il faut la dire à haute voix (*out loud*). Le rythme, qui est le même pour chaque strophe, est indiqué ici avec les coupures (*breaks*).[1]

On peut faire une récitation collective de ce poème. Les vers qui varient seront dits par une personne différente; un groupe répétera en chœur le refrain, mais une seule personne dira «il a filé».
2. Le chien d'un camarade casse sa laisse (*leash*) et file. Comment l'avertira un ami décontracté? une personne alerte qui aime les animaux? Vous pouvez employer les mots **se dépêcher** et **conseiller** et aussi les *mots-clés*.
3. En imitant un commentateur de sports à la radio, décrivez la course de chevaux ci-dessous. Aux mots du vocabulaire, vous pouvez ajouter **galoper**, **dépasser** (*to pass*), **la vitesse** (*speed*).

4. Est-il possible de rattraper le bonheur? Cette question est posée par une jeune personne qui a eu un grave accident en roulant (*driving*) trop vite. Qu'est-ce que vous allez lui dire? Votre réponse peut avoir la forme d'un récit ou d'un dialogue.

[1]Note that in the middle of the line the **e** of **vite** counts as one syllable, unless followed by another vowel.

The best known of France's contemporary poets is not unfamiliar to American readers. The universal appeal of Prévert's poems confirms his belief that poetry can be expressed in a language accessible to all, while his work as a screenwriter (e.g., Les Enfants du paradis) reflects his confidence in the ability of audiences to rise above the mind-dulling mediocrity of conventional mass entertainment.

In Prévert's use of the spoken language, there is more sophistication than meets the ear. The poet recognizes that colloquialisms are for the most part clichés, but his ear unfailingly picks out the inventiveness and colorfulness with which people spontaneously express deep emotions. Whether it takes the form of mockery, protest or lyrical effusion, Prévert's poetry is always natural, though not necessarily realistic.

From Paroles (1946) to Fatras (1965), the themes of Prévert's poems range from the remembering of simple moments to the denouncing of all forms of indoctrination and regimentation. Prévert always sides with the lovers, the lonely, the poor, the oppressed.

Jacques Prévert
(1900–1977)

LE CONCERT N'A PAS ÉTÉ RÉUSSI

Les images sont si précises, le ton si familier, qu'on croirait voir ce musicien qui s'en va dans la nuit vers une autre vie. D'autre part, des expressions inattendues comme «jouer du caniche» nous incitent à réfléchir aux idées qu'elles suggèrent. Ce poème ne parle-t-il pas indirectement de la liberté de l'artiste et finalement de sa solitude? «Le concert n'a pas été réussi» est surtout un poème à entendre, comme une confidence triste mais racontée avec humour.

Compagnons des mauvais jours
Je vous souhaite une bonne nuit
Et je m'en vais.
La *recette* a été mauvaise   *receipts*
C'est de ma faute
Tous les torts sont de mon côté
J'aurais dû vous écouter
J'aurais dû *jouer du caniche*   *play the French poodle*
C'est une musique qui plaît
Mais je n'en ai fait qu'à ma tête
Et puis je me suis énervé.
Quand on joue *du chien à poil dur*   *wire-haired terrier*
Il faut *ménager son archet*   *spare one's bow*
Les gens ne viennent pas au concert

Pour entendre *hurler à la mort*   baying to the moon
Et cette chanson de la *fourrière*   dog pound
Nous a causé le plus grand tort.
Compagnons des mauvais jours
Je vous souhaite une bonne nuit
Dormez
Rêvez
Moi je prends ma *casquette*   cap
Et puis deux ou trois cigarettes dans le paquet
Et je m'en vais…
Compagnons des mauvais jours
Pensez à moi quelquefois
Plus tard…
Quand vous serez réveillés
Pensez à celui qui joue *du phoque et du saumon fumé*   the seal and the smoked
Quelque part…   salmon
Le soir
Au bord de la mer   at the seaside
Et qui *fait* ensuite *la quête*   takes up… a collection
Pour acheter *de quoi* manger   something
Et de quoi boire…
Compagnons des mauvais jours
Je vous souhaite une bonne nuit…
Dormez
Rêvez
Moi je m'en vais.

MOTS-CLES

réussir *to be successful*   plaire à *to please, to be popular;* ça me
inattendu *unexpected*   plaît *I like it*
souhaiter *to wish, make a wish*   causer du tort à *to do harm to*
avoir tort *to be wrong, mistaken*   rêver *to dream*
jouer de *to play (an instrument)*   quelque part *somewhere*

EXPRESSIONS UTILES

C'est de ma faute. *It's my fault.*
Tous les torts sont de mon côté. *All the mistakes are on my side.*
j'aurais dû + infinitif *I ought to have*
Je n'en ai fait qu'à ma tête. *I only did what I wanted to.*

COMPREHENSION DU TEXTE

1. Pourquoi l'artiste veut-il s'en aller? Dans les six premiers vers, comment voyons-nous que le musicien se sent responsable?
2. Expliquez le sens des conseils donnés par ses compagnons.
3. «Jouer du caniche» — quel style de musique suggère cette expression inattendue? un style innovateur? facile? sérieux?
4. Comment interprétez-vous «jouer du chien à poil dur» dans ce cas?
5. Qu'est-ce que l'image de la fourrière suggère? Pourquoi les gens n'ont-ils pas aimé le concert, à votre avis?
6. Quels gestes donnent au poème une impression de vie réelle?
7. Comment voit-on qu'une grande sympathie l'unit à ses compagnons?
8. Par quelle image indique-t-il qu'il ne cherchera plus à s'intégrer à la société?
9. Comment va-t-il passer le reste de sa vie?

COMPREHENSION GENERALE

1. Plusieurs vers sont repris comme refrain avec de légères différences. Expliquez comment ces différences correspondent à un changement d'attitude chez l'artiste.
2. Quelle interprétation donnez-vous au mot «rêvez»?
3. Parmi les musiciens, chanteurs ou écrivains que vous connaissez, y en a-t-il qui correspondent au style «caniche» ou au style «poil dur»? Expliquez vos choix.

PRATIQUE DE LA LANGUE

1. Jouez-vous d'un instrument? de la guitare? du piano? de la flûte? Quelle musique préférez-vous? le rock? le jazz? la musique classique? les chansons?
2. Un de vos camarades va enregistrer un disque (*make a record*). Exprimez vos encouragements en employant les mots **souhaiter**, **plaire à**, **bonne chance**, **réussir**.
3. En employant les expressions suggérées ci-dessous, comment vous excuserez-vous dans ces situations embarrassantes?
   a. Vous renversez du ketchup sur la robe blanche de votre amie.
   b. Vous avez oublié de souhaiter bon anniversaire à votre mère.
   c. Vous étiez de mauvaise humeur (*in a bad mood*) et vous avez été désagréable avec votre ami(e).
   d. En dépassant une voiture, vous avez causé un accident.
   e. Vous rêviez pendant que le professeur expliquait le test; maintenant vous ne savez pas comment le faire.

Si vous vous sentez coupable, dites…

C'est de ma faute!
J'ai tort
Tous les torts sont de mon côté
Je n'en ai fait qu'à ma tête
Je suis désolé
J'ai honte
Je m'en veux
J'aurais dû…

In 1962 France's highest poetry award, the Grand Prix de Poésie de l'Académie Française, was awarded to a slight, self-effacing woman of seventy-nine who had spent her entire life in her provincial hometown. Though her name was hardly familiar to most of her compatriots, this devout, white-haired spinster gradually became something of a cult figure for a loyal group of admirers.

When in her youth, Marie Rouget (to use her real name) experienced simultaneously the death of her younger brother and the shattering of her first and only sentimental attachment, she turned to religion for solace. She adopted the pen name of Marie Noël, which she saw as her personal symbol "of grace, but even more of sorrow."

Most of Marie Noël's poetry is nurtured by religious faith, human love, and intense primitive emotion. Its originality stems from a candor and musicality that lift the poems far above their workaday subjects.

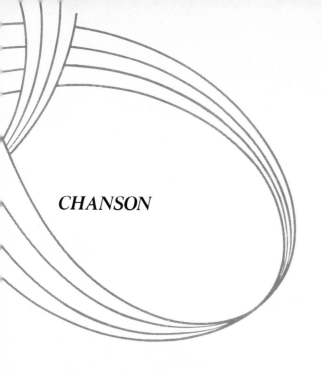

Marie Noël
(1883–1967)

CHANSON

Dans ce poème, Marie Noël nous conte une aventure toute simple et, le plus discrètement du monde, elle nous parle d'un grand amour secret. Nous sommes en présence de deux personnes, mais on entend une troisième voix: celle d'un coeur qui n'a jamais osé s'exprimer, mais qui voudrait chanter sa joie d'aimer.

Quand il est entré dans mon *logis clos*,　　　　　*shuttered dwelling*
J'ourlais un drap lourd près de la fenêtre,　　　*I was hemming*
L'hiver dans les doigts, l'ombre sur le dos...
Sais-je depuis quand j'étais là sans être?

Et je cousais, je cousais, je cousais...
— Mon coeur, qu'est-ce que tu faisais?

Il m'a demandé des outils à nous.
Mes pieds ont couru, si vifs, dans la salle,
Qu'ils semblaient, — si gais, si légers, si doux, —
Deux petits oiseaux caressant *la dalle*.　　　　*the tiled floor*

De-ci, de-là, j'allais, j'allais...
— Mon coeur, qu'est-ce que tu voulais?

Il m'a demandé du beurre, du pain,
— Ma main en l'ouvrant caressait la *huche* —   *bread bin*
Du cidre *nouveau*, j'allais et ma main   *fresh*
Caressait les *bols*, la table, la *cruche*.   *bowls/jug*

Deux fois, dix fois, vingt fois je les touchais...
— Mon coeur, qu'est-ce que tu cherchais?

Il m'a fait sur tout trente-six pourquoi.
J'ai parlé de tout, des poules, des chèvres.
Du froid et du chaud, des gens, et ma voix
En sortant de moi caressait mes lèvres...

Et je causais, je causais, je causais...
— Mon coeur, qu'est-ce que tu disais?

Quand il est parti, pour finir *l'ourlet*   *hem*
Que j'avais laissé, je me suis assise...
L'aiguille chantait, l'aiguille volait,
Mes doigts caressaient notre *toile bise*...   *unbleached linen*

Et je cousais, je cousais, je cousais...
— Mon coeur, qu'est-ce que tu faisais?

MOTS-CLES

le drap *sheet*
l'ombre (f) *shade, shadow*
coudre (je couds, nous cousons, j'ai cousu)
  to sew
l'outil (m) *tool*
l'oiseau (m) *bird*
le coeur *heart*

la poule *hen*
la chèvre *goat*
la voix *voice*
causer *to chat, to make conversation*
l'aiguille (f) *needle*
voler *to fly*

EXPRESSIONS UTILES

de-ci, de-là *here and there (with verbs of motion)*
Il m'a fait trente-six pourquoi. *He asked me a million questions.*
J'ai parlé de tout. *I talked about everything.*

COMPREHENSION DU TEXTE

1. Comment est créée l'impression de vie sédentaire que mène cette femme, dans les trois premiers vers?
2. Comment nous fait-elle comprendre la monotonie de sa vie? Expliquez l'usage de l'imparfait.
3. Pourquoi peut-on penser que l'homme qui est entré n'est pas un visiteur ordinaire? Comment voit-on que la femme réagit (*reacts*) avec joie à sa demande?
4. Quels éléments indiquent que cette scène se passe à la campagne?
5. En quoi consiste la conversation entre les deux personnages?
6. Comment se manifeste l'émotion de la femme? Quels gestes, quelles façons d'être la trahissent (*give her away*)?
7. Dans le premier et le dernier refrain, les mots sont les mêmes mais ont-ils le même sens? Expliquez.

COMPREHENSION GENERALE

1. Comment découvrons-nous la vie intérieure parallèle à la vie extérieure de cette femme?
2. Ce poème est-il narratif ou psychologique? Expliquez votre jugement.
3. A votre avis, pourquoi ce poème s'appelle-t-il «Chanson»?

PRATIQUE DE LA LANGUE

1. Supposons que le visiteur raconte sa visite. Que faisait la femme? A-t-il deviné son émotion?
2. Reconstruisez le dialogue entre la femme et le visiteur. En plus des mots du vocabulaire, vous pouvez employer **emprunter** (*to borrow*); **avoir faim, soif, chaud** ou **froid**; **s'occuper de** (*to take care of*); **le temps** (*weather*); **rencontrer**.
3. De quoi parleriez-vous avec un fermier (*farmer*)? une voyante? un poète? un dessinateur? votre chanteur favori? De quoi ne parleriez-vous pas avec un psychiatre? un musicien qui «joue du chien à poil dur»? une jeune fille timide?
4. Une dame dans un aéroport a raté (*missed*) son avion. Vous l'observez et vous devinez son agitation. Comment?

It was only after World War II that the French public became aware of the writer Raymond Queneau. In 1949 his poem "Si tu t'imagines," set to music, achieved unexpected fame as the year's most popular song. Ten years later his most popular novel, Zazie dans le Métro, was adapted to the screen by Louis Malle.

In his work Queneau renews literary language by combining it with the spoken idiom. He reflects the current state of the French language, poised between traditional rules and the flexibility of modern speech. In his writings he incorporates the terms and structures of spoken French, and on occasion even reproduces them phonetically. Foreign idioms, slang, and hilarious neologisms are also pressed into service, conveying the exhilaration with which the French speak their language.

Raymond Queneau

(1903–1976)

SI TU T'IMAGINES

Pour beaucoup, «Si tu t'imagines...» de Queneau n'est qu'une chanson, mais d'autres reconnaissent, dans les paroles, des images et un thème familiers à Ronsard, poète de la Renaissance. Ronsard dans son «Sonnet à Hélène» comparaît une jeune fille à une rose qui est belle le matin, mais qui se fane (*withers*) le soir. Ronsard voulait être aimé de certaines jeunes femmes et profiter avec elles de leur jeunesse et de leur beauté. Ainsi, il savait être flatteur, mais aussi convaincant, en leur faisant peur de la vieillesse. C'est, par exemple, à ce fameux sonnet que Raymond Queneau a emprunté la métaphore qui sert de leçon au poème classique et au poème moderne.

Sonnet à Hélène

Quand vous serez bien vieille, au soir *a la chandelle*	*by candlelight*
Assise auprès du feu, *dévidant et filant,*	*winding thread and spinning*
Direz, chantant mes vers, *en vous émerveillant*:	Vous direz/*marveling*
«Ronsard me célébrait *du temps* que j'étais belle.»	*while*
Lors vous n'aurez servante oyant telle nouvelle,	*Then, you will not have one*
Déjà sous le labeur *à demi sommeillant,*	*maid hearing such news*
Qui *au bruit* de Ronsard *ne s'aille réveillant,*	*half-asleep from hard work*
Bénissant votre nom de *louange* immortelle.	*at the name/would not*
	immediately wake up
	blessing/praise
Je serai sous la terre, et *fantôme sans os*	
Par les ombres myrteux je prendrai mon repos:	*a ghost without bones*
Vous serez *au foyer* une vieille *accroupie,*	*among the [underworld's]*
	myrtle shades
	by the hearth/crouching

Regrettant mon amour et votre fier *dédain*.   *scorn*
Vivez, *si m'en croyez*, n'attendez à demain: *si vous m'en croyez*
Cueillez dès aujourd'hui les roses de la vie.

Si tu t'imagines…

Si tu t'imagines
Si tu t'imagines
fillette fillette
si tu t'imagines
xa va xa va xa[1]
va durer toujours
la saison des za[2]
la saison des za
saison des amours
ce que tu te goures
fillette fillette
ce que tu te goures

si tu crois *petite*   *baby*
si tu crois ah ah
que ton teint de rose
ta *taille de guêpe*   *wasp waist*
tes mignons biceps
tes *ongles d'émail*   *enamel nails*
ta *cuisse* de nymphe   *thigh*
et ton pied léger
si tu crois petite
xa va xa va xa
va durer toujours
ce que tu te goures

fillette fillette
ce que tu te goures
les beaux jours s'en vont
les beaux *jours de fête*   *festive days*
soleils et planètes
tournent tous *en rond*   *spin around*
mais toi ma petite
tu marches tout droit
vers sque[3] tu ne vois pas
très sournois s'approchent
la ride *véloce*   *swift*
la *pesante* graisse   *heavy*
le menton triplé
le muscle *avachi*   *flabby*

[1]Phonetic equivalent of **que ça va**
[2]the liaison des‿amours is written as a syllable
[3]**sque** = **ce que**

allons cueille cueille
les roses les roses
roses de la vie
et que leurs pétales
soient la mer *étale*   smooth
de tous les bonheurs
allons cueille cueille
si tu le fais pas[4]
ce que tu te goures
fillette fillette
ce que tu te goures

[4]tu le fais pas = tu ne le fais pas

MOTS-CLES

les paroles (d'une chanson) *lyrics*
familier (à) *familiar to, casual*
profiter de *to take advantage of*
la jeunesse *youth*
la vieillesse *old age*
flatteur *flattering*
convaincant *convincing*
emprunter *to borrow*
pareil *alike, similar*
durer *to last*
cueillir *to pick*

mignon(ne) *cute*
la fillette *little or young girl*
le teint *complexion*
la taille *waist*
léger, legère *light*
tout droit *straight ahead*
sournois(e) *sneaky, stealthy*
la ride *wrinkle*
la graisse *fat*
le menton *chin*

EXPRESSIONS UTILES

Si tu t'imagines... *If you believe...*
Ce que tu te goures! (argot) *How mistaken you are! (slang)*
Ce que...! *How...! (introducing an exclamation);* Ce que tu es bête! *How stupid you are!*
Allons! *Come on!*

COMPREHENSION DU TEXTE

1. Le mot *fillette* s'adresse-t-il à une petite fille ou à une jeune fille? Quels mots de la strophe confirment votre jugement?
2. Cette première strophe est en réalité une seule phrase. Ecrivez cette phrase sans tenir compte des répétitions et des notations phonétiques.
3. Comment voyons-nous que Queneau se moque de celle qui est trop sûre de sa jeunesse?

4. Quels sont les charmes physiques de la jeunesse?
5. Quels verbes soulignent le passage du temps qui semble éternel pour l'univers mais limité pour les humains?
6. Quel adjectif montre que la jeune femme sera surprise par la vieillesse? Dans quels vers la vieillesse et jeunesse sont-elles opposées? Comment ces vers sont-ils construits?
7. Quelle comparaison Queneau fait-il avec la rose? Quel est le sens de la métaphore «cueillez les roses de la vie»?
8. Quels vers composent une sorte de refrain? Voyez-vous pourquoi ce poème est devenu une chanson? Montrez cinq éléments qui donnent un caractère moderne et direct à ce poème.

COMPREHENSION GENERALE

1. Quels thèmes, idées et images Queneau a-t-il empruntés au poème de Ronsard?
2. A votre avis, quel poème est le plus convaincant? le moins flatteur? le plus sarcastique? Dans quel poème le côté tragique de la vieillesse est-il le plus évident?
3. Dans le «Sonnet à Hélène», qui Ronsard flatte-t-il? Dans son poème, Queneau ne parle pas de lui-même mais nous comprenons son point de vue. Comment?
4. «Si tu t'imagines...» n'a pas la forme rigoureuse des poèmes classiques, mais qu'est-ce qui nous montre qu'il est écrit avec art et recherche (care)?

PRATIQUE DE LA LANGUE

1. En employant **ce que…** et les adjectifs **flatteur(-se)**, **mignon(ne)**, **léger(-ère)** et **sournois(e)** que direz-vous d'un ballon, d'une jolie fillette, d'un hypocrite, d'un compliment, d'une ballerine ou d'une robe qui va très bien?
2. Notez phonétiquement, à votre manière, les phrases suivantes et incorporez les liaisons, comme l'a fait Queneau:
   a. Nos amis nous attendent. Ils ont des bagages et ils ne savent ce qu'il faut en faire.
   b. Ils auront de la place ici; je crois que ça va aller.
   c. Ce que vous êtes gentil!
3. Si la fillette ou l'Hélène des poèmes était présente, que répondraient-elles au poète classique et au poète moderne? Quels pourraient être leurs dialogues, les uns employant *vous*, les autres, *tu*?
4. Improvisez sur le modèle du poème les réprimandes suivantes: (a) un jeune homme à sa petite amie qui sort le soir avec d'autres garçons; (b) vous à un(e) camarade qui passe tout son temps à étudier et qui n'a aucune vie sociale.
5. Pourriez-vous faire un compliment convaincant à une vieille dame qui vous est chère? Si oui, qu'est-ce que vous lui diriez?

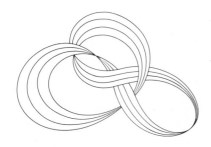

CONTROLE DU VOCABULAIRE

I. Quel mot-clé complète le sens de ces phrases?
   1. Si vous courez suffisamment vite, vous pourrez _____ le facteur.
   2. Pourriez-vous me prêter des _____ pour réparer ma voiture?
   3. Je me demande si le «rock» _____ à tout le monde.
   4. C'est un vrai poète qui a composé les _____ de cette chanson.
   5. Vous êtes responsable de ce désordre, tout cela, c'est _____ .

II. Par lequel de ces mots pouvez-vous répondre aux questions et quel est leur article: **jeunesse, amour, bonheur, graisse, coeur**?
   1. Que cherche la plupart des gens dans ce monde?
   2. Qu'est-ce qui ne dure pas toute la vie?
   3. Qu'est-ce qu'on n'aime pas avoir à la taille?
   4. Qu'est-ce qui rime avec toujours?
   5. Qu'est-ce qui s'arrête toujours trop tôt?

III. Expliquez en français les expressions suivantes: **causer du tort à quelqu'un; il n'en fait qu'à sa tête; nous causons sans arrêt en classe; il fait toujours trente-six pourquoi; ce qu'il file!**

IV. Rétablissez l'ordre logique des questions et des réponses:

Qu'a-t-il dit en partant?	Dans le pré.
Où se trouve la poste?	Ça ne m'a pas plu.
Ce poète a-t-il eu du succès?	C'est tout droit.
Que pensez-vous de ce film?	Il m'a souhaité bonne chance.
Où as-tu cueilli ces fleurs?	Non, il n'a pas plu.

V. Traduisez le texte suivant:

Somewhere, birds were singing; they invited me to dream. In the meadow, I saw a charming scene. Two little girls were running here and there, picking flowers. Their mother was sewing in the shade of an appletree while a young man was playing the guitar.

"Ah! If that happiness could always last!" I said.

I wished them good afternoon and was going to leave when I saw there an unhappy animal who looked at me in a sneaky way (**d'un air...**).

"Poor goat, why don't you take advantage of this nice day?" said I.

"How stupid you are, (you) ridiculous poet," answered that insolent animal. "I'm a ram!" And he jumped over a hedge and took off.

Do you think that I was wrong?

ACTIVITES D'ENSEMBLE

1. Organisez un débat sur la question: la poésie a-t-elle une place dans notre vie moderne? Pourquoi certaines chansons peuvent-elles être considérées comme de la poésie? Comment la poésie est-elle mêlée (*mingled*) à la vie des arts? Les poètes sont-ils des gens qui nous font perdre notre temps?

2. Un poème peut-être suggestif en quelques vers, à condition d'être bien rythmé, par exemple:

On dansa la ronde
Mais le roi pleura
Il pleurait sur une
Qui n'était pas là...
    (Maurice Fombeure)

Essayez de composer un poème, même court, qui aurait cette qualité.

3. Pourquoi un artiste de talent n'est-il pas populaire, quelquefois? Connaissez-vous certains artistes qui n'ont pas cherché à plaire?

4. Décrivez une expérience au cours de laquelle vous avez été conscient(e) qu'il y avait deux personnes en vous: une qui agissait devant les autres et une qui vivait une émotion intérieure.

QUATRIEME PARTIE
THEATRE ET PAROLES

Jean Anouilh is perhaps the best known of modern French playwrights. His early success, Antigone, produced after World War II, brought him international fame; ever since, Anouilh has been writing for the stage. His comedies and tragedies alike are characterized by arresting plots and characters. Throughout his varied work, recognizable prototypes and patterns of dramatic conflict can be identified. Repeatedly, rich and haughty dowagers propel the action through their selfish whims, while male characters are frequently ridiculed, whether with sympathy or with the harshness of caricature. Love, a constant theme in his plays, is pure and demanding, but eventually yields to the rigors of life. As for the heroes' struggle against selfishness and materialism, it ends occasionally in tragedy, more often in a form of escapism. But the most outstanding feature of Anouilh's talent is his dramatic style: the language is sometimes vigorous or coarse, and sometimes lyrical, with a touch of sarcasm or irony always present to prevent a sentimental scene from becoming insipid.

Jean Anouilh

(1910–   )

HUMULUS LE MUET

Anouilh a divisé un certain nombre de ses pièces en *Pièces noires* et *Pièces roses*. Les premières sont réalistes et traitent de sujets psychologiques complexes. *Les Pièces roses,* malgré certains aspects tragiques, sont essentiellement fantaisistes. Par leur caractère, les personnages ressemblent davantage à des prototypes ou des marionnettes qu'à de vrais êtres humains. *Humulus* est une des premières pièces d'Anouilh. A la fois comédie et petit drame, on y trouve déjà des thèmes et des personnages qui réapparaîtront dans d'autres œuvres. Comme dans d'autres de ses pièces, Anouilh utilise la musique pour souligner les effets, un peu comme le faisait le piano qui accompagnait les films muets.

PERSONNAGES

LA DUCHESSE

HECTOR DE BRIGNOC

HUMULUS, *enfant, puis adolescent*

LE GOUVERNEUR

LES DOMESTIQUES, *qui sont au moins trois*

HÉLÈNE

SCENE PREMIERE[1]

La Duchesse, sorte de personnage fabuleux *sur un im-*   *extraordinary*
mense fauteuil à oreilles armoriées. *A côté d'elle, l'oncle Hec-*   *emblazoned wing chair*
tor, un grand hobereau *maigre et* faisandé *qui met*   *country squire / of*
alternativement son monocle à l'œil droit puis à l'œil gauche   *mottled complexion*
sans plus de succès. On entend un orchestre.

La Duchesse. Hector, voici une petite fête qui m'est
un plaisir nouveau chaque année.

Hector. L'orchestre est charmant.

La Duchesse. Oui. Les musiciens coûtent horriblement cher. J'ai dû me *débattre* contre eux comme une   *haggle*
marchande.   *tradeswoman*

Entrent les domestiques à la queue leu leu *et portant*   *in single file*
des bouquets.

La Duchesse. Mes amis. Je suis touchée de votre présence et de vos bonnes intentions. Mais il est des traditions
auxquelles une Brignoc *ne déroge pas*. Je dois entendre les   *does not depart (from)*
vœux de mes enfants avant ceux de mes *gens*. Un peu de   *domestiques*
patience. Mon petit-fils, Monsieur Humulus, *ne saurait tar-*   *won't be long (in coming)*
der. Hector, vous vous souvenez de mon petit Humulus?

Hector. Mal. Il avait, je crois, dix-huit jours lorsque
je suis parti pour les Iles.

La Duchesse. Vous le trouverez bien changé. C'est un
bon petit, un peu timide. *N'était* son infirmité, il ferait un duc   *if it weren't for*
charmant.

Hector. Je crois me souvenir que le pauvre petit est
muet?

La Duchesse. Etait, Hector, était! On voit bien que
vous n'êtes revenu que d'hier. Dieu a fait un miracle durant
votre séjour aux Iles.

Hector. Dieu a toujours protégé les Brignoc.

La Duchesse. Un médecin anglais, à force de soins, est
arrivé à lui faire prononcer un mot par jour.

Hector. Un seul mot?

La Duchesse. Oui, mais il est si petit. En grandissant,
nous espérons qu'il pourra en dire davantage. Notez, d'ailleurs,
Hector, que si mon petit Humulus *s'abstient* un jour de pro-   *refrains*
noncer son mot, il peut en prononcer deux le lendemain.

Hector. Il vous serait donc possible de lui apprendre
à réciter une de ces petites fables que les *bambins* de cet âge   *petits enfants*
savent ordinairement par cœur?

---

[1]On New Year's Day it is traditional to call on older relatives and important
people to extend one's good wishes.

LA DUCHESSE. J'y ai songé. Mais il faudrait trop long-
temps. Pour dire: «Fors l'honneur»,[1] *la devise* des Brignoc,   *motto*
mon cher Hector, il est obligé de rester trois jours sans parler…
Je fais ce petit sacrifice tous les ans au moment de la fête du

[1] **fors l'honneur:** A reminiscence of the famous phrase uttered by King Francis
I, after being taken prisoner by Charles V in 1525: **Tout est perdu fors
l'honneur** (*All is lost save honor*).

pays, mais je ne saurais me passer bien longtemps de lui entendre dire son mot. Car, je l'ai exigé, Humulus vient me dire son mot chaque matin. Hier, vendredi, par exemple, il m'a dit «*morue*». *codfish (slang: a whore)*

    Entre le Gouverneur.

    LA DUCHESSE. Hé bien, *Gouverneur*, mon petit-fils est prêt? *private tutor*

    LE GOUVERNEUR. Madame la Duchesse, le voici. Nous avons longuement cherché, Madame la Duchesse, ce que dirait Monsieur Humulus, cette année, à l'occasion du Nouvel An. Il ne manque *certes* pas de compliments à l'usage des jeunes personnes, mais ils étaient tous *sensiblement* trop longs. C'est pourquoi j'ai pensé que le mot le plus indiqué, le plus expressif, et, j'oserai dire, le plus *raccourci* était le mot «bonheur», Madame la Duchesse. *certainement* / *clearly* / *concise*

    LA DUCHESSE. C'est parfait, Gouverneur.

    Le Gouverneur sort et revient en poussant Humulus, grand dadais *encore en* culottes courtes *et* s'empêtrant *dans un immense bouquet. Murmure des domestiques alignés qui se penchent* pour le voir. *booby / short pants / entangled* / *lean forward*

    LA DUCHESSE, *l'arrêtant d'un geste au bout de la file des domestiques.* Monsieur mon petit-fils, avant même que vous lui offriez vos souhaits, votre grand-mère veut vous dire, la première, sa tendresse *au seuil de* cette nouvelle année. Depuis que votre pauvre mère est morte, Humulus, c'est moi qui vous aime. Vous avez une grand-mère, il faut en profiter pour l'écouter. Soyez bon et vaillant comme un vrai Brignoc. *Chérissez*-moi et ne m'en veuillez pas si je ne vous vois qu'aux *grandes fêtes*. Tout mon temps est pris par *mes pauvres*. Maintenant, venez m'embrasser et me dire votre mot. Gouverneur, faites arrêter la musique, pour que mon petit-fils vienne me dire son mot. *on the threshold of* / *aimez* / *major holidays/my charity work*

    Le Gouverneur sort. La musique s'arrête. Il revient prendre sa place et claque *discrètement dans ses mains. Alors Humulus, rouge, les sourcils froncés, se met lentement en marche vers la Duchesse. Tout le monde sourit avec* attendrissement. *Arrivé devant le dernier domestique, tout près du but, il laisse tomber son bouquet. Le domestique le ramasse et le lui remet. Alors, dans le silence, après avoir lutté un instant,* cramoisi, *entre plusieurs devoirs également bien* inculqués: *clap his hands* / *with knitted brows (i.e., frowning)* / *emotion* / *crimson* / *inculcated*

    HUMULUS. Merci.

    Horrible tintamarre *à l'orchestre. Tout le monde se voile la face avec consternation.* *grand bruit*

    LE GOUVERNEUR. Malheureux enfant! Voilà votre mot

prononcé. Comment direz-vous maintenant le mot «bonheur» à Madame la Duchesse?

LA DUCHESSE. Monsieur Humulus, vous êtes un maladroit.

Elle sort, suivie de l'oncle Hector et de tous les domestiques. Humulus reste seul an milieu de la scène, avec son bouquet. Le Gouverneur est affalé *sur les marches de* l'estrade.   *sits dejectedly*
                                                                                                                  platform

SCENE DEUXIEME

Même décor. Les personnages sont dans la même position qu'au premier lever de rideau. *Mais ils sont tous très vieillis. Il y a en plus un petit groom, au bout de la file des domestiques. Musique.*   *(rise of the) curtain*

LA DUCHESSE. Mes amis, je suis touchée de votre présence et de vos bonnes intentions. Mais il est des traditions de famille auxquelles une Brignoc ne déroge pas. Je dois entendre les vœux de mes enfants avant ceux de mes gens. Un peu de patience, mon petit-fils, Monsieur Humulus, ne saurait tarder. A votre avis, Hector, que peut-il faire?

HECTOR. Peut-être répète-t-il son mot devant une *glace?*   *miroir*

Entre le Gouverneur.

LA DUCHESSE. Hé bien, Gouverneur?

LE GOUVERNEUR, *qui semble nerveux.* Madame la Duchesse, Monsieur Humulus sollicite l'honneur de venir vous présenter ses vœux. Monsieur Humulus prononcera le mot «prospérité».

La Duchesse sourit avec indulgence. L'orchestre se tait. Un silence. On introduit Humulus qui est maintenant un jeune homme. Le Gouverneur toussote, *Humulus se tait.*   *coughs slightly*

LA DUCHESSE. Dites votre mot, mon cher enfant.

Silence. On se regarde.

Ne vous troublez pas, cher Humulus. Une grand-mère est toujours indulgente.

Silence.

Qu'est-ce à dire, Gouverneur?

LE GOUVERNEUR, bafouille. Je suis extrêmement surpris, Madame la Duchesse.   *stammering*

LA DUCHESSE. Humulus, auriez-vous déjà prononcé votre mot? Ce mot, qu'au seuil de la nouvelle année, vous devez réserver à votre grand-mère?

HECTOR. Le *garnement aura lâché* quelque juron en voulant faire son *nœud* de cravate.   *rascal / probably let slip*
                                                                                                                  knot

LE GOUVERNEUR. C'est mal connaître mon élève, Monsieur le Baron. Monsieur Humulus ne jure pas.

LA DUCHESSE. Gouverneur, un mot ne se perd pas ainsi. Avez-vous bien *veillé sur* mon petit-fils ce matin? — *watched over*

LE GOUVERNEUR. Je n'ai pas quitté Monsieur Humulus ce matin, Madame la Duchesse, *sauf le temps de sa garde-robe*, et je puis certifier... — *except when he was heeding Nature's call*

Humulus lui donne un coup de coude. — *a nudge*

LA DUCHESSE. Vous me semblez tous deux être *de connivence*. Vous me cachez quelque chose, Gouverneur. — *in collusion*

LE GOUVERNEUR. Voilà, Madame la Duchesse. *Puisse le ciel* qui me voit témoigner quelque jour que *je n'ai pas cru mal faire* en acceptant les *propositions* de Monsieur Humulus. — *may heaven* / *I didn't think I was doing any wrong* / *proposals*

LA DUCHESSSE. Des propositions? Expliquez-vous, Gouverneur. Quelles propositions?

LE GOUVERNEUR. Des propositions qui étaient de véritables injonctions, Madame la Duchesse.

LA DUCHESSE. Quelles injonctions? Hector, comprenez-vous quelque chose au discours du Gouverneur?

HECTOR. J'hésite entre plusieurs hypothèses également pénibles!

LA DUCHESSE. Gouverneur, je vous *somme* de vous expliquer clairement. — *command*

LE GOUVERNEUR. Je le ferai, Madame la Duchesse, tant pour *décharger* ma conscience que pour donner satisfaction aux désirs de Monsieur Humulus. Monsieur Humulus m'a demandé de vous lire ce papier, Madame la Duchesse. — *relieve*

Il lit.

«Madame ma grand-mère, je suis passionnément amoureux d'une femme qui s'appelle Hélène...»

La Duchesse pousse un cri terrible et s'évanouit. *Tintamarre à l'orchestre. Tumulte, désordre, on* se précipite. — *faints* / *rush up*

LA DUCHESSE, *se dressant.* Hector, faites sortir mes gens.

Hector pousse les domestiques dehors. (...)

LA DUCHESSE. Ne vous permettez plus rien et poursuivez.

LE GOUVERNEUR, *se remet à lire.* «Je suis passionnément amoureux d'une femme qui s'appelle Hélène...»

LA DUCHESSE. Ayez soin de *sauter* les passages inconvenants. — *skip*

LE GOUVERNEUR. «... D'une femme qui s'appelle Hélène. Je *compte* lui déclarer mon amour le plus tôt possible. Ma triste infirmité ne me permettant de dire qu'un seul mot par jour, je suis décidé, à partir d'aujourd'hui, à m'abstenir de prononcer mon mot *quotidien* pendant une période d'un mois. Le gouverneur et moi-même avons pensé...» *Voilà qui est inexact*, Madame la Duchesse. — *intend* / *daily* / *that part is inaccurate*

D'un geste de son éventail, *elle lui fait signe de*   fan
continuer.

« ... que trente mots pourront suffire à cette déclaration... Je viens donc m'excuser, Madame ma grand-mère, de
ne pouvoir, ce jour de l'an, venir vous dire le mot « prospérité ».

LA DUCHESSE. Gouverneur, arrêtez. Pareille ingratitude
me révolte. Je me refuse à en entendre davantage et je ne
paraîtrai pas aux fêtes de ce soir. Monsieur Humulus, vous
êtes un garnement. Qu'avez-vous à répondre?

LE GOUVERNEUR. Vous savez bien qu'il ne peut pas
parler, Madame la Duchesse...

LA DUCHESSE. Gouverneur, vous êtes un *sot.*   fool
Elle sort.

HECTOR. Bravo, mon *gaillard.* Tu es un vrai Brignoc.   boy
A ton âge, j'avais une maîtresse au Vaudeville.
Il sort.

LE GOUVERNEUR. Vous me forcez à tenir de bien pénibles rôles, mon cher élève. Vos fantaisies me conduiront au
tombeau.   tomb
Il sort.

SCENE TROISIEME

Le rideau se lève sur une route bordée de platanes;   plane trees
Hélène paraît à bicyclette. Elle porte sur son guidon une boîte   handlebars
noire. Derrière elle, Humulus, à bicyclette également. Visiblement, *il la suit. Elle descend de bicyclette. Humulus des-*   obviously
cend aussi.

HÉLÈNE. Pardon, Monsieur, pouvez-vous me dire combien il y a de kilomètres d'ici à la plage?

Humulus s'incline sans répondre, la main sur le cœur.   bows

HÉLÈNE. Je vous remercie beaucoup, Monsieur, ce n'est
pas trop loin. J'ai le temps d'y aller avant le déjeuner.

Elle remonte à bicyclette et sort en lui faisant des sou-
rires. Il remonte également et la suit. On les entend sonner   ring their bells
au loin.

SCENE QUATRIEME

Un jardin public. Le Gouverneur entre, un papier à la
main, et va à Humulus.

LE GOUVERNEUR. Monsieur Humulus, j'ai bien tra-
vaillé, croyez-moi; je n'ai pas fermé l'œil de la nuit dernière
pour mettre *la dernière main* à ce document. Mais faire une   the finishing touches
déclaration en trente mots est une chose extrêmement *malai-*
sée. Mon cher élève, ne m'accusez pas de ne pas y avoir mis   difficile

assez de mots d'amour. Il y a les prépositions, les articles et les conjonctions qui sont des mots neutres, sans doute, mais nécessaires à *la bonne intelligence* du texte. Voilà:

understanding

    Il lit.

    « Mademoiselle. Un amour *éclatant* m'a pris aux *entrailles* depuis l'autre jour. *Que* mes larmes et mes soupirs *attendrissent* votre beauté cruelle. Un seul geste de vous guérirait toutes mes blessures. » Ça fait trente. Je ne devrais certes pas me prêter à ces folies. Mais j'ai aimé, moi aussi, et cette aventure me rappelle de bien doux souvenirs.

burning   depths
May
soften

    Il tire sa montre.

    Cette jeune fille ne saurait tarder maintenant... Préférez-vous que je demeure pour vous *souffler, le cas échéant,* ou que je *m'éloigne* de la distance d'un jet de pierre?

to prompt
    should the occasion arise
remove myself

    Humulus fait un geste, le Gouverneur s'éloigne. Resté seul, Humulus relit son texte avec les gestes les plus passionnés. Hélène est entrée à bicyclette et elle décrit pendant un instant des sinuosités *autour de lui sans qu'il la remarque. Finalement le timbre d'Hélène le tire de ses songeries; il pâlit, marche sur elle relisant une dernière fois son papier. Hélène est descendue de bicyclette et le regarde venir, souriante.*

circles
bell / rêves
s'approche d'elle

    HUMULUS, d'une voix de stentor *qu'on n'attendait pas.* Mademoiselle, c'est moi qui étais derrière vous à bicyclette. Vous m'avez demandé la route. Hé bien, il y avait dix kilomètres jusqu'à la mer.

d'une voix très forte

    Il s'arrête tout pâle, épouvanté, il murmure encore, comme malgré lui:

    Par *le raccourci...*

shortcut

    Puis sa voix s'étrangle, il se met à compter fébrilement *sur ses doigts.*

chokes / feverishly

    Hélène le regarde toujours en souriant.

    HUMULUS, *qui n'a plus que trois mots à dire.* Je vous aime.

    HÉLÈNE, *qui sourit toujours.* Je vous demande pardon, Monsieur, mais je suis un peu dure d'oreille, je n'ai rien entendu.

    Elle sort de la petite boîte noire de son guidon un énorme cornet acoustique *et se l'adapte à l'oreille; puis gentiment:*

ear trumpet

    Voulez-vous répéter, s'il vous plaît?

    Humulus la regarde et le tintamarre de l'orchestre couvre son désespoir pendant que le rideau tombe.

MOTS-CLES

l'œuvre (f) *(artistic) work*   le caractère *personality*
fantaisiste *fanciful*   le personnage *character (in a play or novel)*

davantage *more*
souligner *to emphasize*
muet; *mute, dumb*; le film muet *silent movie*
la fête *party*
le voeu *wish*
le séjour *stay*
arriver à (+*inf.*) *to succeed (in doing)*
à force de *by dint of*
les soins *care, attention*
exiger *to demand*
se passer de *to do without*
le souhait *wish*
laisser tomber *to drop*
ramasser *to pick up*

lutter *to struggle*
maladroit *clumsy*
le maladroit *blunderer*
le décor *scenery, set*
vieilli *aged*
vieillir *to grow old*
se taire *to remain silent*
être amoureux de *to be in love with*
à partir de *starting from*
le garnement *scamp, rascal*
jurer *to swear*
le juron *swearword*
pénible *painful, distressing*
rappeler à *to remind (someone) of*
le désespoir *despair*

EXPRESSIONS UTILES

Ne m'en veuillez pas. *Don't take it amiss. Don't hold it against me.*
Il ne manque pas de... *There is no lack of...*
Il sollicite l'honneur de... *He requests the honor of...*
Ne vous troublez pas. *Don't be upset.*
Je vous demande pardon. *I beg your pardon.*

COMPREHENSION DU TEXTE

Scène première

1. Pourquoi la duchesse a-t-elle organisé une petite fête?
2. Pourquoi Hector n'a-t-il pas de souvenirs précis d'Humulus?
3. De quelle infirmité souffre Humulus? Décrivez sa condition depuis le traitement du médecin anglais.
4. Montrez que la duchesse a beaucoup d'autorité sur son petit-fils. Celui-ci est peut-être muet mais comment voyons-nous qu'il ne manque pas d'un certain humour?
5. Cette grand-mère vous paraît-elle égoïste? Si oui, pourquoi?
6. Quelle gaffe (*blunder*) commet Humulus et de quoi sa grand-mère le traite-t-elle?

Scène deuxième

1. Quelles ressemblances ou changements voyez-vous entre la première et la deuxième scène?
2. Que se passe-t-il de surprenant (*surprising*) quand Humulus apparaît?
3. Quelle décision a prise Humulus et pourquoi?
4. Quelle réaction ont la duchesse, Hector et le gouverneur devant le nouvel Humulus?

Scènes troisième et quatrième

1. Pourquoi le gouverneur a-t-il de la sympathie pour l'aventure d'Humulus?
2. Est-ce une déclaration ou une réponse qu'Humulus a faite à Hélène? Pourquoi?
3. Quelle surprise a-t-il quand il ose déclarer son amour? Quel sentiment voudrait-il exprimer? Pouvez-vous expliquer l'effet musical?

COMPREHENSION GENERALE

1. Cette pièce est-elle amusante ou cruelle? Justifiez votre point de vue.
2. Les personnages vous paraissent-ils réalistes? Quel caractère ont les personnages de la duchesse, du gouverneur, d'Hector et d'Humulus? En quoi sont-ils exagérés ou humains?
3. Dans ses pièces, Anouilh combine un mélange de cynisme et de sentimentalité. Le retrouvez-vous ici?
4. Justifiez pourquoi vous classeriez cette pièce dans la catégorie *pièces noires* ou *roses*.

PRATIQUE DE LA LANGUE

1. Si Humulus pouvait encore dire quatre mots à Hélène, lesquels pourrait-il choisir parmi les *Expressions utiles*?
2. Racontez la première visite d'Humulus comme si vous étiez un des domestiques. Employez les expressions **se souvenir de**, **se rappeler quelque chose** et **rappeler quelque chose à (quelqu'un)**.
3. Supposons que le gouverneur ait vu la dernière scène. Pour aider Humulus, il explique à Hélène dans le cornet ce qui se passe. Employez les expressions **demander pardon**, **troubler**, **en vouloir à**, **solliciter l'honneur de**, **être amoureux de**, **profiter de**. Quelles expressions pourrait employer Hélène en retour?
4. Improvisez les petits rôles suivants[1]:
   a. la duchesse et un(e) domestique qui a laissé tomber un vase de cristal
   b. la duchesse et Hector après avoir entendu ce dernier parler de son passé amoureux à Humulus
   c. le gouverneur essayant de faire comprendre à la duchesse qu'Humulus n'est plus un petit garçon
   d. Hélène racontant à une amie sa promenade à bicyclette
   e. Hector et le gouverneur parlant de la duchesse en son absence
5. Deux personnes dures d'oreille échangent des réflexions mais ne s'entendent pas bien. Le résultat est une conversation absurde dans le genre de celle-ci. Improvisez-en d'autres et jouez-les avec la conviction de quelqu'un qui croit comprendre.

---

[1]Ces exercises peuvent aussi préparer à interprêter les rôles dans le cas d'une représentation partielle ou complète d'*Humulus le muet*.

Exemple: — Vous avez des enfants?

         — Oui, j'ai faim.

         — Ah, moi aussi, j'ai deux filles.

         — Très bien, je vais au restaurant avec vous, merci!

6. Dans l'hypothèse où la moitié des étudiants dans la classe ne peuvent prononcer que cinq mots, l'autre moitié leur posera des questions et ils ne pourront répondre que par un total de cinq mots.

Although it has always been traditionalist and conservative by nature, and not the home of the avant-garde, France's prestigious Comédie-Française *recently began performing the works of young playwrights, thereby conferring upon them a measure of official recognition. Guy Foissy, a prolific and versatile writer whose works have also been performed in other national theaters and on the air, received such recognition in 1972.*

Foissy's feel for dramatic expression comes not only from his activity as a writer, but also from his experience as a producer and director of programs involving the performing arts. Like much contemporary theater, his plays are an indictment of modern society. Alienated from themselves and from others, his characters grope for an indentity, but ultimately fall back on the shallow thought-substitutes manufactured by a media-conditioned society.

Even so, Foissy's plays are anything but gloomy: the playwright exploits his own resignation to absurdity for its comical effects. His characters string together clichés and slogans with humorous and outlandish results. The idiom of these plays is direct, borrowing most of its vocabulary and colloquialisms from modern everyday speech.

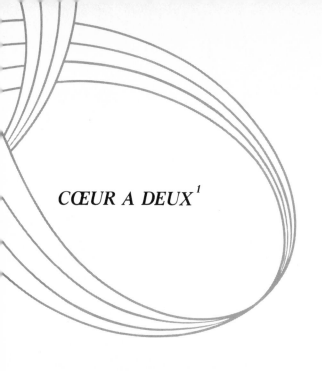

Guy Foissy
(1932–   )

CŒUR A DEUX[1]

Ce titre évoque le style de la presse sentimentale qui est aussi populaire en France que les *soap operas* aux Etats-Unis. Les personnages de ce dialogue sont tellement banals qu'ils n'ont même pas de noms propres: elle est "Elle" et il est "Lui". Leur imagination les transforme pourtant en personnages fabuleux. Modèles des vertus modernes, ils finissent par s'exprimer comme des réclames publicitaires.

DIALOGUE

LUI. Mademoiselle, mademoiselle. Puis-je m'asseoir ici? A côté de vous? Oh oui, je sais bien que les bancs publics sont à tout le monde. C'est pour cela qu'ils sont publics, mais, *par politesse*? Je peux?   *out of courtesy*

ELLE. Oui monsieur.

LUI. Merci. (*Il s'assied. Un temps.*) Je ne sais pas si je   *a pause* peux me permettre mais...

ELLE. Oui monsieur?

LUI. Vous avez l'air triste mademoiselle.

ELLE. Je n'ai pas l'habitude d'adresser la parole à *des inconnus*, monsieur, car je suis très jeune, très pauvre et très   *strangers* pure, mais je suis aussi très malheureuse. Je rêve d'un cœur qui comprendrait ma *peine*.   *suffering*

[1]*Cœur à deux* means literally "one heart for two"; in other words, "two hearts that beat as one."

LUI. Je voudrais la comprendre, mademoiselle, je suis très malheureux, moi aussi.

ELLE. Vous?

LUI. Oui, très.

ELLE. Que cherchez-vous dans la vie monsieur? Je vous pose cette question pour savoir si je puis rester assise à côté de vous.

LUI. Le bonheur mademoiselle.

ELLE. Et comment monsieur?

LUI. Par l'amour mademoiselle.

ELLE (*elle se rassied*). Moi aussi, monsieur. Mais excusez-moi, je n'ai pas l'habitude d'adresser la parole à des inconnus. Je ne suis pas une *gourgandine*.　　　　　*trollop*

LUI. Je ne suis pas un *dragueur*.　　　　　*skirt-chaser*

Un temps.

ELLE ET LUI (*ensemble*). Je...

LUI. Je vous en prie...

ELLE. Non non...

LUI. Après vous... (*Un temps.*) Excusez-moi...

Un temps.

ELLE. Ils ont tué mon frère, monsieur, pas vous?

LUI. Je n'ai pas de frère, mademoiselle.

ELLE. Alors, vous ne pouvez pas comprendre. (*Un temps.*) Oh! Une feuille qui tombe. C'est joli une feuille qui tombe, c'est comme la vie...

LUI. Laissez-moi la *ramasser*... et vous l'offrir.　　　　　*pick up*

ELLE. Merci, monsieur.

Un temps.

LUI. Mademoiselle, si je puis me permettre, excusez-moi, une question. Mais, *qui ça ils*?　　　　　*Who is "they"?*

ELLE. Les *Corses*.　　　　　*Corsicans*

LUI. Les Corses?

ELLE. Oui.

Un temps.

LUI (*brusquement*). J'ai compris! Les bandits Corses! Il était allé ramasser des *champignons* dans la montagne et les　　　*mushrooms* bandits l'ont assassiné *lâchement* pour *le dépouiller*. C'est cela　　*in a cowardly way*　*rob him* n'est-ce pas? Mes condoléances, mademoiselle.

ELLE. Non, monsieur.

LUI. Ah bon. (*Un temps.*) Votre... votre frère était corse, mademoiselle?

ELLE. Non, monsieur.

LUI. Etrange.. En général les Corses se tuent entre eux... à moins... à moins... une idée folle traverse mon esprit... je n'ose... puis-je?

ELLE. Dites.

LUI. C'était un autonomiste breton[1] qui s'était trompé...
non... ce serait trop *rocambolesque*. Il n'était pas Breton?   *farfetched*

ELLE. Non monsieur.

LUI. *Je donne ma langue au chat.*   *I give up!*
Un temps.

ELLE. Oh! Regardez toutes ces feuilles qui tombent. Que
c'est beau.

LUI. Vous les voulez?

ELLE. Oh oui, oh oui!

LUI (*ramassant*). Si seulement on avait laissé un *rateau*   *rake*
par ici. Oh! J'ai trouvé! Oui... J'ai trouvé! Une vendetta!

ELLE. *En quelque sorte*, monsieur.   *in a way*

LUI. Une affaire d'honneur?

ELLE (*hésite*). Non... Oui...

LUI. Une affaire d'amour?

ELLE. Voilà...

LUI. J'aurais dû m'en douter. En Corse, l'amour *côtoie*   *borders on*
facilement la mort, *à ce qu'on dit*, mademoiselle.   *so they say*

---

[1]Breton nationalist. The Bretons (inhabitants of the province of Brittany) have
demanded more autonomy from the central government. Some have turned
to terrorism.

Un temps.

ELLE (*récitatif*). Il était fiancé à une belle jeune fille blonde qui l'aimait plus que tout au monde. Mais il s'est laissé séduire par une *affreuse brune* qui s'était mariée avec le beau-frère d'un corse. Très vite, il s'est rendu compte de son atroce erreur, il revenait vers sa pure fiancée, quand le beau-frère du mari de cette affreuse créature l'a tué pour venger l'honneur *bafoué* de la famille.

LUI. Tragique destin. Tragique destin aussi que celui de la pauvre jeune fiancée qui n'a plus que ses yeux pour pleurer.

ELLE. C'était moi, monsieur.

LUI. Vous étiez la fiancée de votre frère?

ELLE. Ce n'était *pas tout à fait* mon frère, monsieur.

LUI. Quelle triste histoire, et comme je vous plains.

ELLE. Je vous ai raconté cette histoire, parce que cela soulage de parler de sa peine.

LUI. Je comprends, mademoiselle, je comprends. Voulez-vous encore une feuille morte?

ELLE. (reniflant). S'il vous plaît, monsieur.

LUI. Vous les conservez dans votre sac?

ELLE. Non, *j'en tapisse les murs de ma chambrette.*

LUI. Très original, vraiment très original, et tellement poétique. Mélancolie.

ELLE. Mon âme est comme ces feuilles mortes... (*Brusquement*, enchaînant, *changeant de ton.*) Pensez-vous au mariage, monsieur?

LUI. Je ne pense qu'à cela, mademoiselle.

ELLE. Je ferai un mariage d'amour. Avec un homme riche qui aura trois voitures, un château en Sologne,[1] une horrible secrétaire, une usine en banlieue, et une vieille maman aux cheveux blancs, bien charmante.

LUI (*se levant*). Toutes mes félicitations, mademoiselle.

ELLE (*idem*). Merci, monsieur.

LUI. Peut-être... peut-être êtes-vous déjà... fiancée?

ELLE. Pas encore, hélas...

LUI. Ah?... *Vous fréquentez*, si j'ose dire?

ELLE. Non, monsieur.

LUI. Vous ne fréquentez pas?

ELLE. Non, monsieur.

LUI. Alors, *vous connaissez*?

ELLE. Non plus.

LUI. Tant mieux. J'aime mieux ça.

ELLE. Vous êtes *délicat*, monsieur.

LUI. Très.

horrid brunette

flouted

not quite

sniffling

I wallpaper my little room with them

going on

doing the same

you're going steady

you know someone?

considerate

---

[1] A region near the Loire river, fashionable for hunting.

ELLE. Je l'ai bien vu.

LUI. Je vous remercie. Moi aussi, voyez-vous, mon pauvre cœur *ne bat que sur trois pattes*, si j'ose dire, mademoiselle, si j'ose dire.

beats on only three legs

ELLE. J'ai beaucoup aimé un homme, il ne le méritait pas, j'en fus *brisée*.

crushed

LUI (*spontané*). Aucun homme ne peut vous mériter. Je présume, mademoiselle.

ELLE. Vous êtes de plus en plus délicat. C'était un *trafiquant* de drogues, de femmes, de voitures volées, de bijoux volés. Il trafiquait sur tout.

dealer

LUI. Il y a des gens qui profitent de tout.

ELLE. Il faisait partie d'une bande organisée. Oui, monsieur, organisée. Leur chef, un *Syrien borgne*, avait *jeté son dévolu sur moi*, pauvre fleur fragile. Il projette de m'enlever et de me vendre à d'autres trafiquants.

one-eyed Syrian
had designs on me

LUI. Quel trafic, mademoiselle!...

ELLE. Un soir, *ils m'attirèrent* dans un *guet-apens*, sous prétexte de me donner des nouvelles de mon fils, disparu, pauvre petit, enlevé par des *bohémiens*. Ils me fixèrent un rendez-vous dans une *ruelle sombre*...

they lured me / ambush

Gypsies
dark alley

LUI. Vous avez des enfants?

ELLE. Non monsieur, et ceci me sembla *louche*. Mais il insista tellement qu'il sut *toucher en moi la fibre maternelle*. J'y allais. Ils *mirent leur ténébreux projet à exécution* dans la ruelle sombre et m'enlevèrent!

suspicious
to appeal to the mother in me
carried out their sinister plan

LUI. Ciel! Et après?

ELLE. Ils m'enfermèrent dans un sac, et me transportèrent dans leur *repaire*, près du port.

hideout

LUI. Et après?

ELLE. Ils me maltraitèrent.

LUI. Et après?

ELLE. Mais je refusais de dire son nom.

LUI. Allons bon... A qui?

ELLE. Mais eux?

LUI. Mais non, le nom de qui?

ELLE. De celui qu'ils voulaient tuer, *pardi! Vous mettez du temps à comprendre*, vous!

of course
You're slow in catching on

LUI (*désolé, se calmant*). Excusez-moi.

ELLE. Alors ils décidèrent de me tuer moi aussi. Au moment où le Syrien borgne approchait de moi..., le petit Paulo *s'intercala* et reçut à ma place *la dague meurtrière*, en plein dans le cœur.(...) Je l'ai aimé, monsieur, aimé! Mais je n'en avais pas le droit.

stepped in between / the murderous dagger

LUI. Il vous en est arrivé des aventures.

ELLE. Vous savez, quand on est poursuivi par le destin, on n'y échappe pas, le destin court toujours plus vite.

LUI. Moi, j'ai connu un homme qui courait plus vite que son destin.

ELLE. Depuis, *j'entretiens sa tombe*, c'est pour moi un devoir sacré. Ramasseriez-vous encore quelques feuilles mortes *en souvenir de* lui, monsieur?

LUI. Avec plaisir, je veux dire avec émotion mademoiselle, avec émotion. Mais il me faudrait un sac.

ELLE. Ne ramassez pas celles qui sont sales, s'il vous plaît, je ne tiens pas à avoir de la *boue* sur les murs.

LUI. *J'y veillerai.*

ELLE. La boue, je sais ce que c'est la boue, allez. La boue de la terre on peut la nettoyer, tandis que la boue humaine...

LUI. Je vous offrirai les feuilles mortes les plus propres du monde!

ELLE. J'ai été trahie, monsieur, trahie, trompée, bafouée, *violée*, séduite, abandonnée, frappée, re-violée, humiliée, déshonorée, déshéritée, *agressée*, oppressée, *abaissée*, enfermée, séquestrée, kidnappée, *affamée*...

LUI (*en même temps*). Oh là là là là là oh là là là là là!

ELLE (*triomphante*). Mais toujours l'amour triomphant *fait éclater ses cloches* à la dernière image! Je connais la vie, *ce n'est rien de le dire.*

LUI. Heureusement que l'amour triomphe toujours mademoiselle.

ELLE. Heureusement, monsieur, c'est la seule consolation.

LUI. Si on n'avait pas l'amour, qu'aurait-on, je vous le demande *un peu,*[1] qu'aurait-on?

ELLE. Oui, qu'aurait-on?

LUI. On n'aurait que la triste réalité, voilà ce qu'on aurait.

ELLE. Ah la réalité, ne me parlez pas de la réalité! Je ne veux pas en entendre parler!

LUI (*s'exaltant aussi*). Moi non plus, mademoiselle, moi non plus! Quand je la vois!

ELLE. Je la fuis!

LUI. Voilà, c'est ça, j'allais le dire. Il nous faut tourner le dos à la réalité mademoiselle!

ELLE. Malheureusement, il y en a qui osent la regarder en face!

LUI. *Les misérables...*

ELLE. Alors qu'il y a la vie, toute la vie, pour *s'encombrer de* la réalité! Mais je sais l'oublier, allez...

LUI. Moi aussi, mademoiselle. Et je voudrais vivre toutes

Marginal glosses:
I take care of his grave

in memory of

filth
I'll be careful.

raped
mugged / humiliated
starved

makes its bells ring out
you can be sure of that

the wretches

to burden oneself with

---

[1]*Un peu* adds a familiar note: *well, I ask you.*

vos aventures. Oh, excusez-moi, je suis allé trop loin, si si, je me rends compte que je suis allé trop loin.

ELLE. Vous n'êtes pas comme les autres hommes, monsieur.

LUI (*évaporé*). Et vous, mon Dieu, et vous… *giddy*

ELLE. Avec les autres, c'est tellement difficile! Tenez, l'autre jour, un jeune homme *m'aborde* dans la rue… *comes up to me*

LUI (*indigné*). Quoi!…

ELLE. J'ai eu la même réaction que vous au premier abord mais il était beau, très beau. Je l'écoute, c'est si faible une femme. Savez-vous ce qu'il m'a proposé?

LUI. Des choses affreuses, j'en suis sûr. Un homme qui aborde une femme dans la rue ne peut que lui proposer des choses affreuses.

ELLE. Oui, monsieur.

LUI (*évident*). Ah.

ELLE. Il m'a proposé de signer une pétition pour la libération d'un prisonnier grec. Grec, vous vous rendez compte!

LUI. C'est insensé! Qu'avait-il fait?

ELLE. Est-ce que je sais moi! Je lui ai jeté son papier à la figure, et j'ai couru *à perdre haleine,* me *blottir* dans les *like crazy   curl up* bras de ma vieille maman.

LUI. C'est comme moi…

ELLE (*tendre*). Vous vous êtes blotti dans les bras de votre vieille maman?

LUI. Figurez-vous que l'autre jour, à la *boîte* où je tra- *office, plant (fam.)* vaille, ils sont venus me demander si je m'associais à la grève! Oh mais je leur ai dit ce que je pensais: ce n'est pas en faisant la grève que vous allez oublier vos soucis, je leur ai dit.

ELLE. Ce n'est pas toujours facile d'oublier ses soucis.

LUI. Oh non! C'est ce que je leur ai dit.

ELLE. Surtout quand on est *orpheline*, sans défense, *en* *orphan* *but aux assiduités* de son patron, un vilain homme. *exposed to the passes*

LUI. Est-ce possible?

ELLE. Chaque fois que j'entre dans son bureau, il cherche à *soulever mes jupes.* *lift my skirt*

LUI. Partez! *Démissionnez!* *Resign!*

ELLE. Impossible! J'aime son fils.

LUI. Ah, la vie n'est pas toujours simple…

ELLE. Vous l'avez dit. (*Changeant de ton.*) Il m'arrive *aussi de mettre* quelques branches au milieu de mes feuilles. *Sometimes I also put*

LUI. Vous en voulez une? Celle-là?

ELLE. Vous n'allez pas casser la branche, si un *gardien* *park attendant* venait?

LUI. Le petit *frisson de l'audace*, mademoiselle, le petit *thrill of boldness* frisson de l'audace devant la chose défendue. C'est cela être un homme. Et voilà.

ELLE. Oh merci, elle est très belle. Si on n'avait pas cela pour oublier ses soucis.

LUI. C'est la grande affaire dans la vie, mademoiselle, oublier ses soucis. C'est le seul but. Comment vivre heureux si on pense à ses soucis, vraiment! Alors que faire? Les oublier. Tous les moyens sont bons. Rire, aimer...

ELLE. Tous?

LUI. Tous mademoiselle. Tout moyen d'oublier ses soucis est bon. Vous ne le croyez pas?

ELLE. Je crois que si.

LUI. Et moi je crois que je vous aime, mademoiselle.

ELLE. (*surprise, légèrement indignée*). Comment monsieur?

LUI. Je crois que je vous aime, mademoiselle.

ELLE. Vous vous rendez compte de ce que vous dites?

LUI. (mélo). Oh oui, que trop! *melodramatic*

ELLE. Nous nous connaissons *à peine*, monsieur, et vous *scarcely* m'effrayez.

LUI. Vous n'avez donc jamais entendu parler du coup de foudre?

ELLE. Oh si monsieur, si c'est un coup de foudre.

LUI. Vous n'avez jamais ressenti de coup de foudre?

ELLE. Oh si, monsieur, souvent.

LUI. Le coup de foudre, moi, je suis comme un *chien* *hunting dog / paw / tail* *de chasse*. Je m'arrête, la *patte* levée, la *queue* en l'air, le *gaze* *regard* fixe, immobile, tendu. Rien n'existe, tout se tait, tout se meurt, il ne reste plus que l'être aimé.

ELLE. Moi, monsieur, je rougis, je *blêmis*, je tremble, *turn pale* je bafouille, je ne pense plus à rien d'autre, euh, je ne pense plus à rien d'autre, mais je vous en ai trop dit, vous avez choqué ma *pudeur*. *modesty*

LUI. (*navré*). Oh, votre pudeur...

ELLE. (*baissant les yeux*). Oui, monsieur...

LUI. Ah! l'amour, l'amour, que c'est bon l'amour, mademoiselle.

ELLE. Oh oui, monsieur.

LUI. Quand on s'aime.

ELLE. Il faut s'aimer pour s'aimer.

LUI. C'est vrai.

ELLE. Et je ne me donnerai qu'à l'homme qui voudra m'épouser.

LUI. Mademoiselle, voulez-vous m'épouser?

ELLE. Mais monsieur mais monsieur...

LUI. Pardon pardon.

ELLE. Mais vous n'êtes pas riche!

LUI. Non.

ELLE. On ne peut pas se marier quand on n'est pas riche!

LUI. Je le deviendrai!

ELLE. On ne devient pas riche, monsieur, on naît riche!(...)

LUI. Nous aurons une petite *chaumière* et un cœur. Une petite chaumière, trois pièces-cuisine, tout confort, salle de bain, *vide-ordures*, *séchoirs*, toutes *charges comprises*, et je rentrerai, à la fin de la journée, dans ma grande voiture, ma petite *serviette de cuir* à la main, j'aurai un métier indépendant et bien rémunéré, vous me ferez signe de la main, debout sur le *perron*. Mademoiselle! Mademoiselle! Je suivrai des cours du soir! Pour devenir riche!

thatched-roof cottage

garbage disposal / clothes dryers / expenses included

leather attaché case

front steps

ELLE. Oh monsieur...

LUI. Tous les soirs!

ELLE. Tous les soirs?

LUI. Sauf samedi, dimanche et jours de fêtes.

ELLE. Vous serez armé pour réussir, monsieur.

LUI. Oui, mademoiselle, réussir! Réussir! Je réussirai! Gagner! Gagner plus! Allez plus haut, toujours plus haut! Plus haut! Et quand on est tout en haut, eh bien... eh bien on a réussi. *Je gravirai les barreaux de l'échelle sociale!* Non, mademoiselle! Je ne les gravirai pas. Je les dévorerai! Grronk grronk! Réussir, c'est d'abord choisir un bon métier. J'aurai le choix entre les 50 *carrières du bâtiment*, les 50 carrières indépendantes, les 70 carrières commerciales, les 100 carrières féminines, non pas celles-là.

I will climb the rungs of the social ladder

building trades

ELLE. (*sans comprendre*). Non monsieur.

LUI. Les 90 carrières industrielles, les 60 carrières de la chimie, les 60 carrières agricoles. Et je vaudrai deux fois plus, parce que je saurai *la comptabilité*.

accounting

ELLE. Oh c'est merveilleux, monsieur, quel avenir!

LUI. Oui, mademoiselle, un avenir exaltant! Je serai technicien en électronique, technicien en *informatique*, en *ordonnatique*, en aéronautique! Je gagnerai plus grâce à ces diplômes, et pour aller plus loin, être encore mieux armé pour réussir dans la vie, je vaincrai ma timidité, par correspondance. Je traiterai ainsi les meilleures affaires, écrasant mes concurrents. On sentira en moi l'homme sûr de lui et qui va de l'avant.

computer science
computer science (made-up word)

ELLE. Nous avancerons d'un pas tranquille sur le long chemin de la vie.

LUI. La main dans la main, pour le meilleur et pour le pire! Pour le meilleur, mademoiselle, surtout pour le meilleur.

ELLE. Oh oui, monsieur.

LUI. *Nous ferons reculer* les limites de la mémoire, c'est   *we will push back*
très simple, il suffit d'apprendre.

ELLE. Nous?

LUI. Oui, nous! Vous serez mon associée, ensemble nous
avancerons. Ensemble nous suivrons des cours du soir. C'est
cela l'amour...

ELLE. L'amour, oh rien que l'amour. Nous deux, toi et
moi, rien que nous.

LUI. Avec nous, l'amour deviendra une aventure moderne. Grâce aux examens de psychomorphologie, de graphologie et aux tests projectifs, nous connaîtrons nos goûts
communs. Nous ne laisserons rien au *hasard*. Nous ferons   *chance*
confiance aux spécialistes! Nous serons un couple, mademoiselle, un vrai couple.

ELLE. Et nous serons beaux, tellement beaux...

LUI. Nous aurons beaucoup de relations, on recherchera
notre compagnie pour le brillant de notre conversation. (*Sévère.*) Etes-vous capable, car la beauté ne suffit pas, de faire
honneur à votre mari par votre conversation lorsque vous re-
cevez ses relations d'affaires? Qu'il est désagréable d'être con-
damné à un silence humiliant!

ELLE. Je n'oserai jamais, je... je... je ne sais pas...

LUI. Si. Car vous serez cultivée. Je serai cultivé. Nous
serons cultivés. Ils seront cultivés. Nous aurons suivi, tous les
deux, des cours de culture. Nous n'ignorerons rien de tout ce
qu'on doit savoir, et de tout ce dont on cause.

ELLE. Je serai fière de vous, vous serez fier de moi, je
vous le promets.

LUI. Nos soirées seront *réputées*. Nous saurons les règles   *talked about*
du *savoir-vivre*. Vous en délicieuse robe du soir...   *etiquette*

ELLE. Oh mon Dieu...

LUI. Moi, *en smoking*, strict, nous recevrons nos invités   *in a tuxedo*
avec classe, parce que nous aurons étudié mademoiselle, parce
que nous aurons étudié! Tout s'apprend. Des groupes se for-
meront autour de nous, on nous écoutera, on nous demandera
notre avis sur tout.

ELLE. Comme la télévision!

LUI. Je deviendrai spirituel en 15 leçons. Je serai   *the knack for making timely*
l'homme dont on admire *l'esprit d'à-propos*, dont on craint les   *remarks*
réparties, dont on répète les *bons mots*, dont on envie l'art   *witticisms*
de plaire, dont on recherche la société.

ELLE. Je saurai arranger ma maison avec un goût rare.

LUI. Pardon mademoiselle?

ELLE. Un goût rare...

LUI. Oui! Et je vous aiderai, car je suivrai des cours de
bricolage!   *do-it-yourself skills*

ELLE. Quelle vie, monsieur, quelle vie!

LUI. Une vie intense, mademoiselle, *enivrante,* *intoxicating*
tourbillonnante! *dazzling*

ELLE. Et sur notre table, monsieur, les meilleurs plats!

LUI. (*exalté*). Vous suivrez des cours de cuisine!

ELLE. Oh oui monsieur!

LUI. Nous danserons toutes les danses à la mode, que nous aurons apprises, sans même avoir besoin de musique.

ELLE. C'est plus pratique.

LUI. Et moins coûteux. Nous aurons les plus beaux livres des plus belles collections. L'œuvre complète de Victor Hugo!

ELLE (*émerveillée*). Victor Hugo, monsieur!

LUI. Oui! Et Casanova! Et tous, tous en *reliure cuir!* *in leather binding*
Lettres rouges et or: Vic-tor-Hu-go, Ca-sa-no-va!

ELLE. (*les voyant*). Oh...

LUI. Nous n'aurons pas les plaisirs de tout le monde. Nous n'aurons pas de distractions vulgaires. Même nos loisirs seront des armes dans la vie! Vous écrirez des contes, des *nouvelles* qui seront bientôt publiables. *short stories*

ELLE. Mais...

LUI. Mais si, petit à petit, d'abord des cours *d'orthographe,* *spelling*
puis vous commencerez par des nouvelles courtes, après vous en ferez des longues. Vous échangerez une correspondance passionnante avec des écrivains connus, qui vous conseilleront, qui vous guideront, qui vous aideront à *faire épanouir* votre *bring into full bloom*
personnalité. Ça ne vient pas *du premier coup*. Si personne *with the first try*
ne vous dit comment il faut faire, on ne le fera jamais.

ELLE. Bien monsieur.

LUI. Moi, pendant ce temps, je dessinerai, plus tard je peindrai. Je serai guidé par des artistes parisiens. Petit à petit je ferai des dessins plein de vie *alliant l'audace* au classicisme. *matching audacity with*
Je ferai le portrait de mes amis, de mes collègues, de vous, de moi, des voisins... En plus je deviendrai *cinéaste* amateur, *film-maker*
et j'étudierai la photographie et la graphologie.

ELLE. Comme nous serons heureux, monsieur.

LUI. Nous serons un couple avec des têtes énormes, mademoiselle, et jusqu'à dans les moindres détails nous serons un exemple. Nous fumerons les cigarettes au bon goût français.

ELLE. Les cigarettes qui rendent les femmes si féminines.

LUI. Et les hommes si masculins.

ELLE. Nous n'aurons plus de *mauvaises bouches* au *bad breath*
réveil.

LUI. Nous boirons le vin qui *fait du bien* et l'eau qui lave *does you good*
les *reins*. *kidneys*

ELLE. Nous aurons *du ressort* pour toute la journée. *stamina*

LUI. Et de la gaîté jusqu'au coucher.

ELLE. Les meilleurs *matelas* si doux si doux, qui épouseront la forme de notre corps. *mattresses*

LUI. Nous gagnerons tous les *concours*. Et nous aurons de l'or, de l'or, de l'or! *contests*

ELLE. Vous aurez des chemises visiblement plus propres.

LUI. Nous n'aurons plus d'odeur.

ELLE. Nous nous parfumerons: Délire Sexuel, Amour Bestial, Raffinement Suprême.

LUI. 150 *chrono*! *(150 Km H on the) chronometer*

ELLE. Et nous aurons la peau si douce si douce...

LUI. J'aurai une voiture intelligente!

ELLE. Des bas intelligents!

LUI. Un chapeau intelligent!

ELLE. Un *aspirateur* intelligent! *vacuum cleaner*

LUI. Des enfants intelligents!

ELLE. Et les mains si douces si douces...

LUI. *(dans un cri). Je ne serai plus bègue* et je ne serai plus *sourd*! *I won't stammer any more* / *deaf*

ELLE. *(idem).* Moi non plus!

LUI. Tout nous sera meilleur. Nous apprendrons l'anglais, mademoiselle, en trois mois nous saurons l'anglais. Tous les deux, côte à côte, assis dans nos fauteuils *moelleux,* qui vous *enlacent* comme un être aimé, sans aucun effort, en trois mois nous parlerons anglais. Les trois mois suivants, nous apprendrons l'allemand, les trois mois suivants l'italien, et ensuite l'espagnol, le bulgare, le sanscrit, et tous les trois mois nous apprendrons une langue nouvelle. En deux ans nous parlerons couramment huit *langues maternelles,* en quatre ans seize langues, en huit ans, trente-deux langues, sans compter le français, et nous pourrons voyager! *cozy* / *hug* / *native tongues*

ELLE. Tahiti!

LUI. Nous irons en Irlande en septembre, aux Bahamas en novembre, un safari au Kenya en décembre, *j'accrocherai les défenses* des éléphants que j'aurai tués moi-même, aux murs de notre salon. Nous irons au Carnaval à Rio, à la semaine sainte à Séville, à la *Foire* à Milan, au Festival à Venise, à la bénédiction à Rome! *I will hang up the tusks* / *commercial fair*

ELLE. Nous irons partout!

LUI. Je vous emmènerai dans tous mes voyages d'affaires!

ELLE. La vie sera si douce si douce...

LUI. Et partout des affaires, *brasser* des affaires, traiter des affaires. Jouer avec l'or. L'homme d'affaires, dur, *intraitable,* cruel, qui ne pense qu'au bénéfice, ce sera moi. La richesse, l'or, l'argent, la gloire! *handle* / *ruthless*

ELLE. Marions-nous vite monsieur!

LUI. A chaque *étape,* nous marquerons notre progression, notre maison s'agrandira, notre voiture s'agrandira, notre *step*

terrain s'agrandira, notre standing s'agrandira, nous-mêmes
nous grandirons.

ELLE. Et notre amour grandira.

LUI. Nous irons partout où il faut aller, nous verrons tout
ce qu'il faut voir, nous dirons tout ce qu'il faut dire, parce que
nous serons riches!

ELLE. Des femmes *tenteront* de vous séduire...   *will try*

LUI. Comme vous allez souffrir...

ELLE. Vous serez prêt à succomber...

LUI. Parfois je succomberai...

ELLE. Pas avec la femme d'un Corse, je vous en supplie!

LUI. Soyez tranquille.

ELLE. Peut-être un jour serai-je *veuve*...   *a widow*

LUI. Vous aussi, vous serez *courtisée*...   *courted*

ELLE. On m'enlèvera, on me séquestrera, on me violera,
on exigera de vous une rançon énorme!

LUI. Je ne la paierai pas!

ELLE. On voudra briser notre amour...

LUI. Il sera solide comme un roc.

ELLE. Ils se mettront *en travers de* notre bonheur.   *in the way of (i.e.,*
     obstructing)

LUI. Nous les écraserons, comme nous écraserons tous
ceux qui se mettront en travers de notre route.

ELLE. Nous les écraserons!

LUI. Nous les *écrabouillerons*. Voilà comment agissent   *will squash (fam.)*
ceux qui ont la volonté d'arriver.

ELLE. Nous seuls.

LUI. Seuls au monde, mademoiselle. Nous et nos enfants.
Car nous aurons des enfants.

ELLE. Deux.

LUI. Quatre! Nous leur apprendrons le dur métier de
vivre. Nous leur dirons ce que nous savons: mon fils, pense
à toi, pense à toi mon fils si tu veux arriver.

ELLE. Pense à l'amour, oublie tes soucis.

LUI. Ils grandiront, ils suivront des cours du soir. Et à
leur tour, ils réussiront.

ELLE. Nous finirons nos jours paisiblement, en évo-
quant nos souvenirs, les bals à la *cour*, les fleurs que m'envoyait   *court*
le prince, nos *croisières*...   *cruises*

LUI. Et nous mourrons, heureux, ayant accompli ce que
nous avions à accomplir.

ELLE. Oh non, monsieur, on ne parle pas de ces choses-
là.

LUI. Excusez-moi... que... qu'ai-je dit... c'est... mais
non... *il ne peut rien nous arriver*, car nous porterons sur nous,   *rien ne peut nous arriver*
nuit et jour, la médaille magique. La médaille du bonheur,
mademoiselle, la médaille du mariage!

ELLE. Le mariage!

LUI. Et l'amour triomphant *éclate* à la dernière image,   *bursts out*
dans une *envolée* de cloches. Alleluia! Alleluia!   *peal*

ELLE. Dans une envolée de cloches! (*Une cloche* reten-   *rings*
tit.) Les cloches! Les cloches, monsieur!

LUI. Oui, les cloches, mademoiselle!

ELLE. Cloches de l'amour! Sonnez cloches de l'amour!
Sonnez! Sonnez! Ce sont les cloches de l'amour!

LUI. Non, mademoiselle, ce sont les cloches de l'usine.

ELLE. Déjà...

LUI. Il est deux heures...

ELLE. Au revoir, monsieur...

LUI. Au revoir, mademoiselle. A demain?

ELLE. A demain, monsieur.

RIDEAU

MOTS-CLES

la réclame *advertisement*
avoir l'air (triste, etc.) *to look (sad, etc.)*
l'inconnu(e) *stranger*
séduire *seduce*
se rendre compte *to realize*
soulager *to relieve*
l'usine (f) *factory*
la banlieue *suburb*
trafiquer *to trade (in an illegal business)*
fixer un rendez-vous *to set up an
  appointment, a date*
enlever *to kidnap*
maltraiter *to mistreat*
échapper à *to escape (something, someone)*
s'enfuir *to run away*
fuir (+ *direct obj.*) *to run away from, flee*
trahir *to betray*
affreux, affreuse (se) *frightful, terrible*
la grève; faire la grève *strike; to go on
  strike*
les soucis (m pl) *worries*
le patron *boss*
le but *goal*

le moyen *means*
le coup de foudre *love at first sight*
rougir *to blush*
bafouiller *to stammer*
tendu *tensed, tense*
l'être aimé *the beloved*
gagner (de l'argent) *to earn, make (money)*
le métier *job, trade, profession*
exaltant *exciting*
s'exalter *to get excited, get carried away*
les affaires (f pl) *business*; traiter des
  affaires *to handle business*
les relations (f pl) *acquaintances*
le concurent *competitor*
la concurrence *competition*
le bénéfice *profit*
spirituel *witty*
cultivé *well-educated, cultivated*
les loisirs (m pl) *leisure time*
les distractions (f pl) *entertainment*
grandir *to grow* (up)
écraser *to crush*

EXPRESSIONS UTILES

Je vous en prie. *Please do (i.e., go ahead).*
Si je peux me permettre… *If I may…*
J'aurais dû m'en douter. *I should have guessed.*
Comme je vous plains! *How I feel sorry for you!*
Tant mieux! *So much the better!*
Figurez-vous que… *Imagine that…*
Si j'ose dire. *If I may say so, so to speak.*
Je sais ce que c'est que… *I know all about…*
Soyez tranquille. *Set your mind at ease.*

COMPREHENSION DU TEXTE

1. Comment le jeune homme s'adresse-t-il à la jeune fille? Montrez comment leur conversation devient tout de suite personnelle, de la part de la jeune fille comme du garçon.
2. Qu'est-ce qui attire l'attention de la jeune fille? Que fait le garçon pour lui plaire?
3. Lui paraît-il avoir de l'imagination? Comment explique-t-il la mort du frère?
4. Comment la jeune fille raconte-t-elle la vendetta? Qu'y a-t-il d'étrange dans cette histoire?
5. Pour quelle raison raconte-t-elle sa vie à un inconnu?
6. Quel rêve de mariage fait-elle?
7. Qui a-t-elle aimé? Avait-elle bien choisi cet homme? Résumez cette nouvelle aventure.
8. Quelles sont les opinions de ces jeunes gens sur l'amour et sur la réalité?
9. Quelles expériences ont-ils eues avec des étrangers dans la rue? Jugez-vous aussi ces expériences «affreuses»?
10. Quels sont les autres soucis de cette orpheline?
11. Quelle est la «grande affaire» de la vie selon Lui et quelle solution propose-t-il?
12. Quels sont les sentiments du jeune homme? Comment la jeune fille ressent-elle le coup de foudre?
13. Puisqu'on ne peut pas se marier quand on n'est pas riche, qu'est-ce que le jeune homme se propose de faire?
14. Donnez cinq ou six exemples de «l'aventure moderne» que l'amour représente pour Elle et Lui.
15. Quelle image se fait-il du mari idéal? de l'épouse idéale?
16. Pourquoi écrira-t-elle et pourquoi lui sera-t-il peintre ou cinéaste?
17. Comment voit-on grandir leur exaltation jusqu'à la violence?
18. Qu'est-ce qui interrompt leur rêve? Qu'est-ce qu'ils s'engagent à faire?

COMPREHENSION GENERALE

1. Quels sont, à votre avis, les premiers éléments absurdes de ce dialogue?
2. Quels sont les clichés caractéristiques de la presse sentimentale qu'emploient les deux personnages?
3. Montrez la parodie de la publicité que l'on rencontre dans le texte.
4. «Nous dirons tout ce qu'il faut dire parce que nous serons riches». Expliquez la portée satirique de cette phrase.
5. Quand voit-on apparaître une certaine violence dans le dialogue? Cette violence est-elle propre aux personnages ou aux modèles qu'ils essaient d'imiter? Dans ce dernier cas, quels sont ces modèles?
6. Malgré leur caractère absurde et humoristique, ces personnages sont émouvants. Qu'est-ce qui nous touche en eux? Leur sincérité? leur naïveté? leur solitude? une certaine image de nous-mêmes? Expliquez.

PRATIQUE DE LA LANGUE

1. En lisant ou en jouant des extraits de *Cœur à deux,* organisez des saynètes (*skits*) ayant pour titre (a) un couple timide; (b) une héroïne de roman-feuilleton (*serialized story*); (c) un couple d'ambitieux.
2. La police recherche un terroriste. Décrivez son crime et donnez son signalement en employant les mots **avoir l'air, se rendre compte, échapper à, fuir** (ou: **s'enfuir**), **enlever, les moyens, le but.**
3. Les étudiants veulent se mettre en grève pour protester contre _____ (au choix). Vous désirez avoir une idée de l'opinion générale avant de commencer votre action. Comment allez-vous aborder poliment des inconnus pour leur demander leur avis? Consultez les formules de politesse ci-dessous.

Quelques formules de politesse

Je vous en prie.
Je vous demande pardon.
Si je peux me permettre...
Vous seriez gentil de...
Ne vous troublez pas!
Ne m'en veuillez pas!
Soyez tranquille!
Si j'ose dire...

4. Derrière ses lunettes noires, vous reconnaissez un(e) Français(e) célèbre. Comment allez-vous engager la conversation et l'assurer que vous ne trahirez pas son secret? Employez des formules de politesse et toutes les *Expressions utiles* de ce texte.
5. En interrogeant poliment vos condisciples, préparez un sondage sur
   a. Le coup de foudre: comment le reconnaître?
   b. Les loisirs et les distractions favorites.

6. Une firme cherche à engager des représentants de commerce (*traveling salespeople*) très compétitifs. Les candidats seront interviewés par un groupe d'étudiants formant un comité. La sélection se fera après une discussion des mérites de chaque candidat.

7. Un jeu de devinettes (*guessing game*). Faites deviner le nom de produits connus par leurs slogans publicitaires.

Exemple: Je suis un cowboy et j'aime fumer. Quelle est la marque de cigarettes que je fume?

Donnez-vous votre langue au chat?

In 1954 a young girl of eighteen burst upon the French literary scene. Bonjour Tristesse, the first novel of Françoise Quoirez (pen name, Sagan) became an overnight best-seller, received critical acclaim, and was translated into several languages even before being made into a movie. Sagan's name was soon associated not only with precocious fame but also with the glamorous life style of the jet set. «J'étais une jeune fille scandaleuse et un écrivain bourgeois,» she later remarked, having always been very frank about herself and her work.

Sagan's plays are written in a clear, flowing language admirably suited to dialogue. As in her novels, the protagonists are not particularly appealing; but while often insipid, they are still always believable. In these plays individuals come together, then separate, but the drama in their existence never turns into real tragedy; they go through life bruised but never bleeding. The title of Sagan's recent autobiography—Des Bleus à l'âme (Bruises on the Soul)—expresses the sense of disillusion with which her work is imbued.

Françoise Sagan

(1935–   )

L'ECHARDE

L'Echarde (The Splinter) est avant tout une pièce sur le théâtre et sur la passion qu'il inspire chez ceux qu'il captive. Cette passion, l'héroïne la compare à une écharde qui s'est infiltrée sous la peau. C'est une passion douloureuse mais dont elle ne peut se débarrasser. Pour Elisabeth, il faut jouer un rôle, être quelqu'un d'autre, de préférence un personnage romantique qui lui fait oublier sa médiocrité et lui procure des admirateurs.

PERSONNAGES
(par ordre d'entrée en scène)

Elisabeth

Lucien

Ivan

SCENE I

Chambre d'hôtel minable. En scène, allongée *sur un*   stretched out
divan, Elisabeth. Au mur, des photos partout. Elle lit Ciné-
monde.[1] *Entre Lucien, garçon d'étage. Il a un* plateau *à la*   bellboy / tray
main.

[1]A movie magazine.

ELISABETH. Posez ça là. Vous êtes nouveau?

LUCIEN. Oui Madame, je suis le nouveau garçon d'étage.

ELISABETH. «Le nouveau garçon d'étage.» Vous dites cela comme une réplique.

LUCIEN. Une réplique?

ELISABETH. Oui, une réplique de théâtre et je sais de quoi je parle puisque c'est mon métier.

LUCIEN. Votre métier?

ELISABETH. Oui, mon métier! Le théâtre! Je fais du théâtre, jeune homme! Je joue. Je suis une actrice de théâtre. (*Sans transition.*) Pourquoi ne posez-vous pas ce plateau?

LUCIEN. C'est mon rêve Madame.

ELISABETH. Raison de plus. Mettez-le là.

LUCIEN. Je voulais dire, pardon, que mon rêve c'était le théâtre.

ELISABETH. Mais c'est très bien mon garçon. Vous avez raison. Les jeunes gens de votre âge ne pensent plus qu'au cinéma, art mineur. Enfin! D'où venez-vous?

LUCIEN. De Géry, dans le Cantal.[1] Je suis arrivé hier soir. Je ne réussissais pas dans les études, et il n'y a plus de travail à Géry. Mais je vous ennuie peut-être...

ELISABETH. Pas du tout! Les comédiens... enfin, certains comédiens... sont des êtres humains vous savez... beaucoup plus que les *gazettes* ne veulent bien le dire. Vous lisez beaucoup ce genre de journaux?   *newspapers*

LUCIEN. Oh, à Géry vous savez Mademoiselle, il n'y a pratiquement pas de journaux. Les gens les *feuillettent* chez   *thumb through* le coiffeur en attendant de *se faire raser*.   *to get a shave*

ELISABETH. Alors vous n'avez sûrement pas encore entendu parler de moi. Je suis Elisabeth Madran.

LUCIEN. Elisabeth Madran?

ELISABETH. Oui. Vous voyez ces photos? C'est moi. Je fus Pauline, Bérénice, Violaine, la Dame aux Camélias, Phèdre[2] et tant d'autres... Mais je mène ici une vie recluse volontaire. *Je me reprends en main*, je réfléchis.... Voulez-   *I'm learning to live with* vous me servir mon thé? Je souffre des conséquences d'un   *myself* léger accident. (*Il verse le thé en tremblant.*) Ne tremblez   *pours* pas comme ça, allons, asseyez-vous! nous allons parler un peu. Mais si, mais si... J'ai un peu de temps libre... et vous aussi, sans doute? Cette *pension de famille* est déserte.   *boarding house*

LUCIEN. Excusez-moi, je dois vous paraître bien igno-

---

[1] One of the poorest and remotest regions of France.
[2] Famous female roles in the classical repertoire: heroines from Corneille, Racine, Claudel, and Dumas fils.

rant, mais voyez-vous, toute ma vie j'ai rêvé de théâtre. Il y a une troupe qui est passée à Géry un jour, j'avais douze ans, et depuis...

Elisabeth. Que jouaient-ils?

Lucien. *La Reine sans voiles.* Je ne sais pas qui a écrit ça...

Elisabeth. Sûrement personne!...

Lucien. C'était très bien joué.

Elisabeth. Evidemment... Enfin tout le monde doit gagner sa vie. Et moi j'admire ces comédiens... C'est *la plèbe,* *the lower orders*
les petits artisans du spectacle, mais ils sont admirables!!! Et nous devons, nous, les admirer! Ils sont nos frères.

Lucien, *poli.* Je suis d'accord Madame.

Elisabeth. Et ne vous demandez-vous pas ce que fait Elisabeth Madran dans cette pension de famille plus que modeste?

Lucien. Je ne trouve pas que cela soit si modeste...

Elisabeth. C'est modeste mon garçon. C'est même pauvre. J'ai toujours habité le Crillon,[1] place de la Concorde. Mais ici, voyez-vous, *je me recueille.* On m'a offert un rôle *I collect myself*
superbe à la *rentrée,* aux Ambassadeurs.[2] Or l'héroïne est *opening of the season*
pauvre, très très pauvre. J'ai décidé de me mettre dans la peau du rôle, voilà tout. N'est-ce pas curieux, Elisabeth Madran aux Glycines?[3]

Lucien. Oui... je crois. Je pense qu'il faut avoir beaucoup de courage pour *renoncer au luxe,* ainsi, à cause d'un rôle. *to give up luxury*

Elisabeth. Nous n'appelons pas cela le courage, mon cher, dans la Grande Famille des Comédiens. Nous appelons ça la conscience professionnelle. *Nous sommes quelques-uns à l'avoir encore.* Dieu merci. Je vous parle évidemment des *Some of us still have it.*
comédiens décidés à travailler avec autre chose que... disons... leurs *atouts* naturels. C'est avec cette conscience qu'un co- *assets*
médien devient digne de ce nom, (*convaincue*) pas autrement. Pas en *se glissant* dans le lit des auteurs! J'ai toujours joué la *slipping*
comédie sur des *plateaux,* jamais sur des divans. *stage*

Lucien. Ah oui, je sais... il y a des filles qui *pour se faire engager...* *to get a part*

Elisabeth. Oui, Dieu merci, même à mes débuts j'ai pu éviter cela. C'est venu très vite, le succès, comme un soleil. Mais les soleils, surtout ceux de la gloire, sont durs parfois à supporter. Et les yeux *cillent.* *blink*

Lucien. C'est beau ce que vous dites, Madame!

[1] A luxury hotel in Paris.
[2] A Parisian theater.
[3] The name of the boarding house.

ELISABETH. On ne peut avoir joué Claudel, Shake-speare, Racine, sans garder un certain goût du lyrisme. Pouvez-vous me donner un sucre?

(*Il se lève.*) (...)

ELISABETH. Vous n'avez pas l'intention de rester garçon d'étage toute votre vie? Si ? Eh bien, il faut *vous lancer* mon cher.

throw yourself into it

LUCIEN. Mais je n'ai que mon B.E.P.C.![1]

ELISABETH. Qu'est-ce que c'est que ça? Un genre de certificat d'études sans doute. Et alors? Est-ce que je l'ai votre B.E.P.C., moi? est-ce que vous croyez que *je suis passée par* la Sorbonne? Le métier, mon petit, on l'a dans le sang!

I studied at

LUCIEN. Je pourrai assister à l'une de vos répétitions?

ELISABETH. Mieux que ça. Vous pourrez jouer.

LUCIEN. Moi, jouer?

ELISABETH. Et pourquoi pas? Peut-être pas Rodrigue[2]... évidemment. Vous n'avez pas précisément le physique, mais maintenant, avec les nouveaux auteurs, on n'est pas obligé

[1] A junior high school diploma.
[2] The title role in Corneille's famous drama *Le Cid*.

d'être Apollon pour jouer, vous savez. Je dirai même, au contraire, *le minable se porte beaucoup.* Enfin, vous lisez un peu, quand même?

LUCIEN. Je n'ai pas eu beaucoup de temps. Mon père était *bourrelier* et je devais l'aider, alors...

ELISABETH. Mais si vous voulez être comédien, vous devez lire, voyons! Tenez, sur *l'étagère,* prenez ce livre: Musset...[1] Lisez-le ce soir.

LUCIEN. Je peux vraiment? Je vous jure que je ne l'abîmerai pas.

ELISABETH. J'espère que vous me l'userez. Musset doit être usé par les mains *fiévreuses* de jeunes hommes purs comme vous, car vous êtes pur n'est-ce pas?

LUCIEN. Oui. C'est-à-dire... il y a la femme du vétérinaire à Géry et tous les garçons...

ELISABETH. Mais je ne parle pas de cette pureté-là voyons... Je parle de la pureté du cœur.

LUCIEN. Ah! bon!

ELISABETH. Lisez-le cette nuit, mon petit! Pleurez! Lisez! Souffrez! Présentez-moi demain un visage décomposé par la fièvre et l'amour du théâtre!

«Ne savais-tu donc pas, comédienne imprudente
Que ces cris *insensés* qui te sortaient du cœur
De ta joue *amaigrie* augmentaient la pâleur
Ta ta ta ta ta ta ta ta ta ta ta ta
Et que c'est tenter Dieu que d'aimer la douleur!»
Musset—Stances à la Malibran[2]. Elle en est morte.

LUCIEN. De quoi?

ELISABETH. D'aimer le théâtre. On peut en mourir mon petit.

(Lucien va pour sortir.)

Ah! Mon Dieu, j'oubliais. Très important. *Je suis descendue* ici sous un faux nom, vous comprenez pourquoi, *je ne tiens pas à* être ennuyée par les photographes. Ne parlez de moi à personne. Est-ce que je peux compter sur vous?

LUCIEN. Je vous le jure.

(La porte s'ouvre. Rentre Ivan, beau, jeune, un peu louche.)

ELISABETH. Ivan! Déjà! Déjà! Mon chéri! *(Elle se dresse, vacille, se rattrappe.)* Mon chéri!... *(à Lucien, pétrifié:)* Lucien, nous continuerons cette petite conversation un autre jour? Voulez-vous *emmener* le plateau, hein? Vous serez gentil... Lucien, votre Musset! *(à Ivan:)* Lucien est un passionné de théâtre!

---

[1]A French romantic poet and playwright.
[2]La Malibran was a famous opera singer to whom Musset dedicated a moving poem.

Margin glosses:

the seedy look is "in"

harness maker

shelf

feverish

fous
emaciated

I'm registered
I don't want to

shady

wavers   catches herself
stunned

take away

LUCIEN. Oui!

IVAN, *décontracté.* Donne-lui un autographe!   *relaxed*

(*Lucien prend le Musset et sort.*) Qu'est-ce que c'est?
(*Il désigne la porte.*)

ELISABETH. Le nouveau garçon d'étage! Il est charmant!
Fou, absolument fou de théâtre! Il avait entendu parler de
moi, alors *forcément*...   *inevitably*

IVAN, *l'interrompant.* Elisabeth?

ELISABETH. Mon chéri?

IVAN. C'est moi. (*Un silence.*) J'ai vu le médecin. Il a
regardé *les radios.*   *X-rays*

ELISABETH, *calme.* Et alors?

IVAN. Il a dit qu'une *rééducation* est inutile pour le   *physiotherapy*
moment. Tu as des nerfs *coincés*... quelque chose comme ça...   *pinched*
près des vertèbres... Enfin, tu dois *rester allongée* le plus   *remain stretched*
longtemps possible pendant encore un moment.

ELISABETH. Encore un moment... Ivan, *cela fait deux*
ans, maintenant, cet accident. Je n'en peux plus.   *it's been two years*

IVAN. Il le faut.

ELISABETH. Deux ans, tu sais ce que c'est?

IVAN. Tu crois que je ne sais pas que ça fait deux ans?

ELISABETH, *ton très dur.* Evidemment, ça t'arrange toi,
hein? Ta vieille maîtresse est infirme et te laisse tranquille.
Tu viens la voir une heure par jour, tu lui dis deux ou trois
stupidités sur ses vertèbres et tu files... Qu'est-ce que tu
attends pour me laisser tomber? — Comment ça s'est passé
au théâtre?

IVAN. Bien! Enfin... si l'on veut. Trois heures de répétition pour dire les deux phrases que j'ai à dire...

ELISABETH, *avec une sorte de rage.* Tu ne peux pas en
dire beaucoup plus!

IVAN. *Ah! ouais*, parce que toi, tu en as eu beaucoup   *Oh, yeah?*
plus?

ELISABETH. J'ai joué Phèdre, moi!

IVAN. Devant douze étudiants, au Festival de Sault-les-
Bains![1]

ELISABETH, *qui s'exalte.* J'ai créé une pièce d'Anouilh.

IVAN. Trois phrases.

ELISABETH, *de plus en plus exaltée.* Je les disais bien.
J'ai tout joué, moi!

IVAN. Arrête, Elisabeth!

ELISABETH, *très dure.* Non! Je n'arrête pas. Je n'arrêterai
jamais. Jamais, tu entends, jamais! J'ai joué et je jouerai! Tout!

IVAN, *nez en l'air.* Bon, bon, bon! D'accord!

ELISABETH, *mauvaise.* Et toi, tu es un raté.

_____

[1]An imaginary spa of no importance.

IVAN. Exact!

ELISABETH. Et tu ne feras jamais RIEN!

IVAN. Rien!

ELISABETH. Tu en es sûr au moins? Jure-le!

IVAN. Je le jure!

ELISABETH, *menaçante*. Et moi, je jouerai encore, hein?

IVAN. Oui, oui…

ELISABETH. Jure-le!

IVAN, *très lâche*. C'est fait! Sur ma tête!

ELISABETH. Très bien.

(*Un temps.*)

IVAN. Tiens bois. Tu as bien dormi?

ELISABETH. J'ai dû prendre un peu de gardénal,[1] mais j'ai bien dormi. Raconte-moi la vie, Ivan. Je m'ennuie ici, parfois.

IVAN. La vie!… voyons… Paris est très beau en ce moment, les marronniers se déplument à vue d'œil[2] et il y a tellement de feuilles par terre qu'on marche sans bruit, nous *les piétons*, comme des voleurs.   *pedestrians*

ELISABETH. La vie… Je te parle du théâtre, Ivan. Qu'a dit la Malibret quand on lui *a repris* le rôle? — Tu sais, j'y ai   *took away* pensé cette nuit; légalement ils n'ont pas le droit, *le délai* est   *the notice* d'une semaine!—Comment lui ont-ils annoncé?

IVAN, *excédé*. Mais le théâtre… le théâtre… tu ne   *exasperated* t'intéresses donc qu'à ça?

ELISABETH. Oui (*Un temps.*) A ça et à toi, mon pauvre chéri. A tout ce que je ne peux plus avoir, quoi. (*Un temps.*)

IVAN. Eh bien, je crois que c'est Lambier qui le lui a dit. Il a interrompu la répétition et…

ELISABETH. Ivan! J'ai une idée. Il faut que tu m'aides. *Je t'en supplie.* Les costumes, ce sera facile, tu te débrouilleras.   *I beg you.*

IVAN, *inquiet*. Quels costumes?

ELISABETH. Ecoute Ivan, *tu es toujours au mieux* avec   *you're still on good terms* la fille des costumes… cette Solange?

IVAN, *embêté*. Mais non, voyons, je t'ai dit ça l'autre jour parce que tu m'avais énervé, mais je…

ELISABETH. Il ne s'agit pas de ça! mais cela me ferait tellement plaisir si tu acceptais, Ivan — et puis aussi, je pense à Lucien, au merveilleux cadeau que je vais lui faire avec… toi.

RIDEAU

[1] A tranquilizer.

[2] **les marroniers se déplument à vue d'œil**: *the chestnut trees are laying themselves bare before your very eyes*

MOTS-CLES (SCENE I)

se débarrasser de *to get rid of*
le comédien, la comédienne *actor, actress*
minable *shabby*
la réplique *reply, rejoinder*
faire du théâtre *to act, to go on stage*
jouer un rôle, une pièce *to act a role, to
 give a play*
ennuyer *to bore, to bother;*
 s'ennuyer *to be bored*
renoncer à *to give up*
entendre parler de *to hear of*
se mettre dans la peau d'un personnage *to
 get inside a character*

assister à *to attend (a performance, etc.)*
la répétition *rehearsal*
abimer *to damage*
user *to wear out, use up*
inutile *useless*
infirme *invalid*
laisser quelqu'un tranquille *to leave
 someone alone*
le raté, la ratée *failure, flop*
se débrouiller *to cope, to get by*

EXPRESSIONS UTILES

On l'a dans le sang. *You have it in your blood.*
Je n'en peux plus. *I can't stand it any longer.*
Ça t'arrange. *That suits you.*
Vous seriez gentil de... *It would be so nice of you to...*
Cela (Ça) me ferait tellement plaisir. *It would give me such pleasure.*

COMPREHENSION DU TEXTE

1. Dans quel décor se joue cette scène? Comment voit-on qu'Elisabeth est une actrice?
2. Comment cette jeune femme et le garçon d'étage se trouvent-ils un intérêt commun?
3. Quelle remarque de Lucien indique qu'il se sent inférieur à Elisabeth?
4. Qu'est-ce qu'Elisabeth veut savoir quand elle lui parle des journaux?
5. Pourquoi Elisabeth reste-t-elle allongée et pourquoi habite-t-elle dans cette modeste pension?
6. Quelle faveur Lucien demande-t-il à l'actrice et quel conseil lui donne-t-elle?
7. Pourquoi Lucien hésite-t-il à prendre le volume de Musset? Quelle est la réaction d'Elisabeth?
8. Quelle recommandation fait-elle au sujet de son nom et pourquoi ces précautions?
9. Quelle impression vous fait Ivan? Comment interroge-t-il Elisabeth sur Lucien?
10. Qu'est-ce que nous apprenons sur l'état de santé d'Elisabeth? Comment voyons-nous qu'elle est jalouse d'Ivan?
11. Quelle opinion a-t-elle de lui? Comment lui montre-t-il de la sympathie?
12. Quel service lui demande-t-elle finalement?

COMPREHENSION GENERALE

1. Quel rôle Elisabeth joue-t-elle avec Lucien? A votre avis, que fait-elle ou que dit-elle pour l'impressionner?
2. Pourriez-vous justifier le titre de cette pièce?

PRATIQUE DE LA LANGUE

1. Si vous connaissez une personne qui a une passion pour le théâtre, la musique, un sport particulier, etc., décrivez le comportement de cette personne en employant les expressions **passionné de, avoir dans le sang**, **un(e) raté(e), s'exalter, entendre parler de**.
2. Dans quel état sont vos livres de classe à la fin de l'année? Qu'en faites-vous? Dans vos réponses, employez les mots **abîmé, usé, garder, se débarrasser de, être dans un état (satisfaisant** ou **minable)**.
3. Un jeune homme est déçu: il pensait faire un beau voyage mais il n'a pas assez d'argent. Il faudra qu'il passe tout l'été dans sa banlieue. Il raconte ses ennuis à un ami qui le réconforte. Faites un dialogue de cette scène et employez les mots et les expressions **renoncer à, s'ennuyer, se débrouiller, inutile, je n'en peux plus, laisse-moi tranquille, allons**!

SCENE II

    Elisabeth et Lucien.

    ELISABETH, *donnant des ordres à Lucien tout en se maquillant, allongée sur son divan.* Le petit *tabouret* ici... la   *stool*
table... là... les fleurs sur la petite table... le rideau... (*Désignant la fenêtre*)... *tirez-le...*   *pull it*

    LUCIEN, affairé. Je ne sais vraiment pas comment vous   *occupé*
remercier...

    ELISABETH. Les fleurs, un tout petit peu plus à droite...
la lumière... Mettez ça (*journal ou tissu*) sur *l'abat-jour* de la   *shade*
lampe: ça adoucira. — Je vous l'ai dit hier et je vous le répète:
vous assistez là à une chose exceptionnelle: cette répétition,
je *l'ai provoquée* pour que vous vous rendiez compte de ce   *brought it about*
que c'est. J'ai dit: les fleurs un tout petit peu plus à gauche!

    LUCIEN. Vous m'aviez dit à droite.

    ELISABETH. J'ai dit à gauche.

    LUCIEN. Excusez-moi.

    ELISABETH. Et la table plus loin, elle coupe la vue au
public.

    LUCIEN. Au public?

    ELISABETH. Vous ne pensez quand même pas être le

seul public, aujourd'hui? une vraie actrice joue toujours pour *une salle entière*. (...) — *a full house*

LUCIEN. Vous ne voulez toujours pas me dire ce que vous allez jouer?

ELISABETH. Je vous le dirai au dernier moment. Dès qu'Ivan aura apporté les costumes, vous sortirez de la chambre, et vous rentrerez *aux trois coups*...[1]

LUCIEN. Pardon?

ELISABETH. Quand vous entendrez les trois coups... Avez-vous envoyé mon télégramme de refus à la Fox?

LUCIEN. J'ai été à la poste ce matin. Ils ne vont pas être contents!

ELISABETH. Que voulez-vous? Le cinéma, c'est des dollars dans ma poche. Le théâtre, c'est du sang dans les veines. Je sais bien que *la mode est à l'argent*, mais il ne me sert de — *money is fashionable* rien...

Rentre Ivan, l'air sombre, un paquet sous le bras.

ELISABETH, *ton de reproche souriant mais dur*. Ah! te voilà! Tu es en retard, mon chéri.

IVAN, *mou*. Bonjour! — *slack*
(Baiser distrait *à Elisabeth*.) — *absent-minded kiss*

LUCIEN. Bonjour, Monsieur!

IVAN, *à Lucien*. Alors ça va? Vous êtes content?—Il paraît que cette... *séance* vous amuse? — *show*

LUCIEN, *avec élan*. J'en ai rêvé toute la nuit! — *enthusiasm*

IVAN. *C'est toujours ça.* — *That's better than nothing.*

ELISABETH. Sortez, Lucien! Nous allons *déballer* les — *unpack* costumes. Votre surprise doit être complète. Je frapperai les trois coups contre le mur.

(*Lucien sort, ravi.*)

IVAN, *déballant*. Toutes ces idioties pour ce petit crétin!

ELISABETH. Ce n'est pas un petit crétin, et ça lui fait tellement plaisir, Ivan. Il est fou de joie!

IVAN. Toi aussi, j'imagine?

ELISABETH. J'avoue que cela m'amuse!

IVAN. Bon, bon... (*Il déballe.*) — Je n'ai pu trouver que *le haut de l'ensemble*... Voilà le texte. — *the top part of the outfit*

ELISABETH, *pousse le livre du pied vers Ivan*. Le texte? mais je le sais par cœur, tu plaisantes!

IVAN, *neutre*. Je suis désolé mais, personnellement, je n'ai pas eu le temps de l'apprendre. Veux-tu que nous retardions *la Générale*? — *dress rehearsal*

ELISABETH, *ton d'ordre*. Tu le liras! Mets ton *habit*! — *evening dress*

---

[1]In a French theater, three knocks tell the audience that the curtain is about to go up.

IVAN. Alors, tu tiens vraiment à ce que je me déguise, aussi?

ELISABETH. Mais comment veux-tu qu'il croie en toi avec ce *complet-veston* — (*Douce.*) Vraiment, chéri, tu n'es pas raisonnable... *two-piece suit*

IVAN. C'est moi qui ne suis pas raisonnable? Ah bon... parfait! (*Il empoigne le costume, chiffonné, dans le paquet déballé.*) Je me change à côté, hein? (*Il va pour se diriger derrière puis marque un arrêt. Humour froid:*) Puis-je savoir où sera le... public? *grabs / rumpled*

ELISABETH, *sans humour.* Le public? (*Elle désigne une chaise.*) Il s'assied là. Je *tousse* deux fois. Toi, tu rentres par la douche... Tu me regardes..., tu marques un temps... puis tu te précipites vers moi..., tu t'agenouilles..., tu... *cough* / *shower*

IVAN. Tu as aussi *réglé* la mise en scène? *taken care of*

ELISABETH. Il fallait bien que quelqu'un le fasse, non?

IVAN. Il fallait bien. (*Il sort.*)

(*Elisabeth vérifie une fois de plus son maquillage, arrange le châle sur ses épaules, sourit.*) *shawl*

IVAN, *off.* Le pantalon est trop petit. Je ne mets que la redingote. *frockcoat*

ELISABETH. Aucune importance. Le chapeau à la main! Tu y es?

IVAN, *off.* Dans la douche, oui.

ELISABETH. Attention! *On y va!* *Here we go!*

(*Elle frappe du pommeau de la canne, trois coups dans le mur. Lucien entre aussitôt, se dirige vers sa chaise.*) *Knob of her walking stick*

IVAN, *en coulisses.* Alors, tu tousses?

ELISABETH. Une minute!! (*Elle tousse deux fois.*)

IVAN *entre,* brochure *à la main, sans aucune conviction.* C'est moi, Marguerite... si repentant... si coupable que je n'osais *franchir le seuil* de cette porte... Je suis resté dans la rue à prier et à pleurer, dis-moi que tu me pardonnes! *script* / *cross the threshold*

ELISABETH, *déclamant.* Te pardonner, mon ami? Moi seule étais coupable. Mais pouvais-je faire autrement? je voulais ton bonheur, même *aux dépens du mien*, mais maintenant ton père ne nous séparera plus, n'est-ce pas? (*Un temps—bas:*) A genoux Ivan! *at the expense of my own*

IVAN, *un genou en terre, brochure à la main.* Monocorde. Je ne te quitterai plus. Ecoute, Marguerite, nous allons à l'instant même quitter cette maison. Ma sœur est mariée! L'avenir est à nous! *in a monotone*

LUCIEN. Ah!

IVAN, *à Lucien, agressif.* Il y a quelque chose qui ne va pas? Notre *numéro* ne vous plaît pas? *act*

LUCIEN, *terrorisé.* Oh si, si... c'est...

ELISABETH, béate. Merveilleux, non? *smug*

LUCIEN. Oui oui... très beau...

ELISABETH, *très douce.* Alors?... mon petit Lucien?

LUCIEN. Ce que je ne comprends pas, c'est pourquoi Monsieur Ivan peut partir sous prétexte que sa sœur est mariée.

IVAN, *toujours à genoux.* Allons, bon! Voilà autre chose! Parce que vous n'avez jamais entendu parler de *La Dame aux camélias*?[1]

LUCIEN. Si, si... Bien sûr que si!

IVAN. Alors!

LUCIEN. J'en ai entendu parler mais je ne l'ai jamais lue.

ELISABETH, *catégorique.* Il a parfaitement raison, Ivan. Comment veux-tu qu'il s'intéresse à notre représentation s'il ne connaît pas l'intrigue! (*Gentille.*) Voici, mon petit Lucien: Je suis une courtisane du XIXe siècle...

IVAN, *qui se relève.* Ca veut dire «une *putain ruineuse*», *expensive whore* mon cher!

ELISABETH. Je m'appelle Marguerite Gautier. Je vivais des hommes...

IVAN. Surtout des crétins!

ELISABETH, *avec rage.* Ivan, voulez-vous vous taire!

Avec rage mais qui se calme.

Je vivais des hommes jusqu'au jour où j'ai rencontré (*elle désigne Ivan:*) Armand Duval, dont je suis tombée follement amoureuse, et j'ai décidé de ne vivre que pour lui.

LUCIEN, *vivement intéressé.* Et lui? (*Il désigne Ivan:*) *Il a pris ça bien* que vous ayez été *entretenue* par tous ces *he took it well / kept* types? *guys*

IVAN, *très décontracté.* Moi? Oh! mais j'ai pris ça très bien... *j'ai l'esprit large,* moi, *figurez-vous...* *I'm broad-minded / believe it or not*

ELISABETH, *douce.* Il a eu un coup de foudre... Il a pardonné... oublié... (*Un temps.*) Nous vivions donc heureux lorsque le père d'Armand vint me voir pour me demander de renoncer à son fils... Sa fille devait épouser un jeune homme de très bonne famille.

LUCIEN. Et alors?

ELISABETH. Alors cette famille refusait cette union à *dreadful* cause de moi, car j'avais une réputation *épouvantable.*

LUCIEN. Et *vous avez marché*? *you went for it?*

ELISABETH. Oui, je me suis sacrifiée.

LUCIEN, *obstiné, à Ivan.* Je vous demande pardon, mais si le fiancé de votre sœur était amoureux d'elle, qu'est-ce que ça pouvait lui faire que vous ayez *une histoire* avec... (*Il dé-* *an affair* *signe Elisabeth.*)

---

[1] *Camille,* by Dumas fils.

IVAN. Allez-vous écouter, *nom d'un chien*, et *nous ficher la paix*? — *darn it! / stop bugging us*

ELISABETH, *l'interrompant*. Voyons, Ivan, du calme! (*à Lucien:*) A cette époque, *la morale* existait, mon garçon! Donc, je me sacrifie. Je dis à Armand que je ne l'aime plus. Je m'enfuis et *tombe tuberculeuse*. — *morality / get tuberculosis*

LUCIEN. Tuberculeuse?

ELISABETH, *qui s'énerve à son tour*. Oui, à l'époque, les chagrins d'amour rendaient tuberculeux. Vous savez Lucien, vous commencez à m'agacer avec vos questions! (*Ton très vif et très catégorique:*) Donc je suis mourante! Le père d'Armand l'apprend, le dit à son fils et lui explique mon sacrifice! Armand, alors, *fou de repentir*, d'amour et de chagrin, se précipite chez moi! C'était la scène que nous avions commencée. — *guilt-ridden*

LUCIEN, soulagé. Ah... bon.. tout va s'arranger. — *relieved*

ELISABETH, *exaspérée*. Mais non puisque je suis mourante! C'est trop tard! Je meurs! Vous savez, c'est très dur pour une actrice, digne de ce nom, d'être interrompue en pleine scène? Comment voulez-vous que je retrouve mon personnage, maintenant! (*Elle reprend sa pose de mourante.*) Allez-y, Armand!

IVAN, *à genoux de nouveau*. Mais ce n'est pas à moi. (*Brochure en main.*) Je te dis: « Ma sœur est mariée, l'avenir est à nous... » et toi, tu *enchaînes* sur: « Ah, parle-moi... » etc. — *follow the cue*

ELISABETH. Ah oui... (*Main devant les yeux.*) « Ah, parle-moi, je sens mon âme qui revient avec tes paroles, et ma santé qui renaît sous ton *souffle*... Ce matin, je... ce matin, je... (*Un temps, Ivan ne bouge pas.*) Je ne me rappelle plus... *le trou*..., le trou, Lucien. Vous savez que c'est un crime au théâtre!! — *breath / memory blank*

IVAN, philosophe. Vous l'avez interrompue et voilà... — *philosophically*

LUCIEN, *effondré*. Je m'excuse Madame, je ne savais pas... (*Il se lève à demi.*) ... Voulez-vous que je m'en aille? — *overcome*

IVAN. *Il ne manquerait plus que ça!* On peut mettre un spectateur dehors mais pas si c'est le seul! — *That's all we need!*

ELISABETH, *ouvrant les yeux*, se reprenant. Ca ne fait rien... ça ne fait rien... (*Se concentre.*) *Envoie la suite*, chéri. — *getting a grip on herself / go on with the rest*

IVAN. J'ai vécu de l'amour, j'en meurs.

ELISABETH, *méfiante*. Tu es sûr que *tu ne me coupes rien*? — *you aren't making any cuts in my text*

IVAN, *il ment*. Non, non..., tu tousses et tu dis: « J'ai vécu de l'amour, j'en meurs... »

ELISABETH. Tiens... je croyais avoir plus de texte... Et qu'est-ce que tu me réponds?

IVAN, *lisant*. Je te réponds: « Tu vivras, il le faut! »

ELISABETH. Ah! oui... Un instant... (*Elle se concentre. Elle finit par tousser.*) « J'ai vécu de l'amour, j'en meurs... »

IVAN. Tu vivras, il le faut.

ELISABETH. Assieds-toi le plus près possible de moi, mon Armand, et écoute-moi bien...

(*Elle* tapote *le divan.*)   *pats*

IVAN. Ne parle pas ainsi, tu me rends fou!

ELISABETH. Mais assieds-toi là!

IVAN. Non, j'en ai assez. Mais c'est vrai que vous allez me rendre fou avec vos imbécillités! Allez! terminé! (*Il ôte et jette sa redingote.*) Faire le clown, ça va, mais faire le clown pour ce petit crétin, là... qui croit découvrir le théâtre. Il y a des limites! Mais pour qui me prends-tu à la fin? Pour un *pantin*, pour un psychiatre, pour une sœur de charité?   *puppet*

LUCIEN. Ce n'est pas dans le texte tout ça?

IVAN. Non, ce n'est pas dans le texte, pauvre idiot! c'est dans la vie. Elisabeth, j'ai des amis, des amis normaux, gais, équilibrés, qui m'attendent dehors. J'ai vingt-cinq ans, je n'en peux plus, tu entends, mais plus du tout, alors je m'en vais et pour de bon!

ELISABETH, égarée. Armand!   *troublée*

IVAN. Ivan! pas Armand! Ton erreur résume tout. Vis dans tes rêves de *pacotille*, tes photos jaunies et ta carrière   *tinsel* *foudroyante*. Je n'en peux plus. Je n'en peux plus de men-   *meteoric* songes et de comédies. J'ai envie de rire, moi, de vivre!

ELISABETH. Ivan, ne me quitte pas!... Ivan...

(*Il est sorti* en claquant *la porte. Elle pleure.*)   *slamming*

LUCIEN. Voyons, Madame, ne pleurez pas, il va revenir! C'est de ma faute, j'ai posé trop de questions, alors forcément ça l'a rendu nerveux. (*Elle pleure.*) Pensez à votre travail!... Si vous saviez comme c'était beau tout à l'heure, comme vous l'avez dit: «J'ai vécu de l'amour, j'en meurs.» *J'ai eu froid dans le dos*, c'est vrai. Mais pourquoi pleurez-vous comme ça? Il   *it gave me the shivers* va revenir, c'est sûr! Voyons, Madame, quand on est Elisabeth Madran... Madame... Madame...

RIDEAU

SCENE III

La chambre est vide mais Ivan rentre très vite, poussant devant lui Lucien.

LUCIEN. Mais je n'ai rien à vous dire, moi, monsieur. Je ne comprends rien à vos histoires... et Mme Madran est allée voir...

IVAN. Son médecin, je le sais. Et c'est pour cela que je suis là, j'ai à vous parler.

LUCIEN. Vous n'avez sûrement rien à me dire. *En re-*

vanche, vous avez sûrement des excuses à faire à Mme Madran. Madame pleure à cause de vous, depuis avant-hier. Ça ne me regarde pas — bien sûr — mais je ne comprends pas…

IVAN. Qu'est-ce que vous ne comprenez pas?

LUCIEN. Comment pouvez-vous la traiter comme ça? Une femme de sa réputation, de son talent. Humilier une personne qui refuse cent mille dollars pour une petite scène dans un film, parce qu'elle a le théâtre dans le sang, une femme qui…

IVAN. Cent mille dollars! Quelle est cette histoire?

LUCIEN, *triomphant*. Ah! vous n'étiez pas au courant?… Eh bien, j'ai moi-même envoyé un télégramme à la Fox-Movietone: 3, rue Auber, pour refuser un contrat énorme pour Mme Madran. Je l'ai envoyé moi-même et il y a trois jours.

IVAN. Tiens! Et quelle était la signature?

LUCIEN. Elisabeth. (*Il récite.*) «*Navrée* devoir refuser cent mille dollars mais ai besoin solitude. Elisabeth.»

IVAN. Eh bien, ça a dû leur faire un rude choc à la Fox, les pauvres! Dites-moi, êtes-vous complètement idiot?

LUCIEN. Non, pas complètement. Pourquoi?

IVAN, *désarmé*. Je peux vous parler d'homme à homme? Alors, écoutez-moi bien: voici de l'argent pour la pension d'Elisabeth. Vous le lui *remettrez de ma part*. Je ne veux pas la voir.

LUCIEN. Mais elle n'en voudra pas, elle est riche!

IVAN. Ah! oui. Et *qu'est-ce qu'elle fiche* dans cet endroit minable?

LUCIEN. Je sais tout. Elle m'a tout raconté. On lui a offert un rôle de femme pauvre et elle essaie de se mettre dans la peau du personnage — elle se cache.

IVAN. C'est ce qu'elle vous a dit? Elle est admirable, elle se met dans la peau du personnage!

LUCIEN. Et vous, vous avez tort! Une femme comme elle ne vous attendra pas toute la vie. Elle a trop de succès. Rappelez-vous le *banquier péruvien* qui s'est suicidé pour elle, il y a un an, et son frère — enfin le frère du banquier — qui, le lendemain, lui apportait des *orchidées* géantes… et le…

IVAN. Asseyez-vous et écoutez-moi bien. Elisabeth, c'est rien, c'est zéro — inconnue et *mythomane* — vous ne verrez jamais son nom dans le journal.

LUCIEN. Vous mentez!

IVAN. Bon, voilà: elle a été actrice comme moi, et ratée, comme moi. Seulement, moi, j'ai vingt-cinq ans et encore quelques chances. Elle, n'en a plus, elle rêve… C'est terminé pour elle, liquidé, *réglé*. Il y a deux ans, elle *m'entretenait*

on the other hand

heartbroken

will deliver it for me

what's she doing

Peruvian banker

orchids

compulsive daydreamer

settled / she was keeping me

grâce à un vague héritage. Elle m'avait même acheté une
voiture, une M.G. *d'occasion, décapotable*. Et puis un beau   *second-hand convertible*
soir, j'avais trop bu, je conduisais trop vite, et on a fini dans
un platane. Moi, je n'avais rien, mais elle... (*Il mime quelqu'un*
qui se tient les reins.) Compris? Et depuis c'est fini pour elle,   *holding the small of his back*
finies les deux trois phrases qu'on lui distribuait parfois avec
beaucoup d'effort. Finie, même *la tournée* minable dans votre   *road show*
Cantal[1] ou ailleurs. Alors elle est devenue folle, complètement
folle, parce que le théâtre, elle n'aime que ça, figurez-vous;
elle l'a dans la peau, sous l'ongle comme une écharde. *Et plus*   *she has it under her skin*
un rond; alors je l'ai *collée* ici, parce que ça ne coûte presque *not a penny left / dumped*
rien... enfin ça! (*Il désigne l'argent qu'il dépose—Un temps.*)
Pourtant si vous saviez comme cette femme est gentille,
comme elle est gaie, courageuse et brave malgré ses *échecs*.   *failures*
Si vous saviez comme je m'en veux... Je suis *infect*...   *disgusting*

    (*Un temps.*)

    LUCIEN. Alors, c'est vrai?

    IVAN. Quoi?

    LUCIEN. C'est vrai que c'est faux?

    IVAN. Oui.

    LUCIEN. Et pourquoi elle m'a dit tout cela? A moi? Je
ne suis rien.

    IVAN. Parce que vous la croyez. *Du coup*, elle se croit   *as a result*
aussi. C'est contagieux, vous savez, la crédulité.

    (*Un temps.*)

    LUCIEN, *rêveur*. Quand même, c'est *rudement gentil*
à elle!   *terribly nice of her*

    IVAN, ahuri. Quoi?   *stupefied*

    LUCIEN. Eh bien, oui. Je lui ai dit que le théâtre c'était
mon rêve, et elle *se donne tout ce mal* pour me plaire. C'est   *goes to all this trouble*
rare, j'imagine, que quelqu'un se donne tout ce mal pour un
garçon d'étage.

    IVAN. Mais alors, vous n'avez rien compris...

    LUCIEN. Mais si. J'ai très bien compris. Je vis tout ce
que j'avais envie de vivre à Géry, depuis une semaine, grâce
à elle. Je l'ai vue répéter avec vous. J'ai envoyé des télégrammes. J'ai parlé de Musset... Elle m'a raconté sa vie... et
quelle vie...

    IVAN, il hurle. Mais c'est faux. Faux. Vous ne comprenez   *screaming*
donc pas que c'est faux.

    LUCIEN. Pour vous.

    IVAN. Comment pour moi? Etes-vous fou?

    LUCIEN. Et puis même si c'est faux, ça me plaît, ça me
fait rêver. Et puis, quand je pense à tout le mal qu'elle s'est
donné pour moi.

[1]See note, p. 92.

IVAN. Arrêtez, je vais pleurer. Bon! Vous avez l'argent, j'essaierai d'en envoyer d'autre!

LUCIEN. Vous ne reviendrez pas?

IVAN. Non.

LUCIEN. Mais elle va être très malheureuse!

IVAN. Je ne peux plus rien faire pour elle.

LUCIEN. Et puis, si vraiment elle n'est pas connue, ni riche, ni rien, elle aura beaucoup de mal à vous remplacer. C'est que ça change tout sûrement...

IVAN. Fichez-moi la paix!

LUCIEN. Et qui va s'occuper d'elle?

IVAN. Elle a de vieilles amies, une sœur, des copines de théâtre... que sais-je?

LUCIEN. Mais ce n'est pas pareil!...

IVAN. Mais je le sais, nom d'un chien, que ce n'est pas pareil! Mais que voulez-vous que j'y fasse? Je ne peux plus, je ne peux plus!... Et puis, je suis amoureux d'une fille de mon âge et qui ne fait pas de théâtre, elle!

LUCIEN. Mais après Mme Madran, vous n'allez pas vous ennuyer avec une autre?

IVAN. Non, moi, la réalité ne m'ennuie pas! Et puisque Elisabeth vous intéresse tellement, occupez-vous d'elle!

LUCIEN. Ne soyez pas jaloux. J'ai pour elle une admiration tout à fait désintéressée, je ne prétends pas du tout...

IVAN. Bon, je m'en vais. Au revoir.

(*Il se dirige vers la porte.*)

LUCIEN. Dites-moi... Monsieur... si jamais vous reveniez... Ne lui dites pas...

IVAN. Quoi?

LUCIEN. Que vous m'avez dit que...

IVAN. Je ne reviendrai pas.

(*Il sort.*)

(*Lucien reste seul, rentre Elisabeth* boitant très bas, *sur deux cannes.*)   *with a pronounced limp*

ELISABETH. Bonjour Lucien! Pourquoi cette tête?

Lucien. Rien, Madame, rien.

ELISABETH. Pas de nouvelles de M. Ivan?

LUCIEN. Non, Madame. Qu'a dit le médecin?

ELISABETH. Pas grand-chose. C'est là l'ennui de ces spécialistes *mondains*. Le fait de soigner une personnalité les   *fashionable*
flatte tellement qu'on sent qu'ils voudraient vous garder malade *à vie*. Mais je dois répéter bientôt. Je le lui ai dit. J'espère   *for life*
que cette *ankylose* va disparaître rapidement à présent.   *stiffness of the joints*

LUCIEN. Oui, sûrement. Voulez-vous un *oreiller supplémentaire?*   *another pillow*

ELISABETH. Non, merci. Vous êtes très gentil, Lucien.

LUCIEN, *un temps.* Vous avez reçu la réponse de la Fox?

ELISABETH. Ils m'ont téléphoné cette nuit. Ils ont beaucoup insisté, mais j'ai été ferme!

LUCIEN. Ils devaient être vexés quand même!

ELISABETH. Mais non, mais non! Ce sont des gens charmants. Ils ont très bien compris.

LUCIEN. Madame, je voudrais vous demander une faveur... Puisque M. Ivan n'est pas là en ce moment, et que nous avons un peu de temps l'après-midi, est-ce que vous accepteriez de... de...

ELISABETH. Allons! Ne bafouillez pas. N'ayez pas peur. J'accepterais de quoi?

LUCIEN. Eh bien, que je vous *donne la réplique* de temps en temps pour que vous m'appreniez un peu... *I cue you*

ELISABETH. Eh bien!... vous ne manquez pas d'audace! (*Un temps.*) Et pourquoi pas? Après tout, pourquoi pas ? Je vous apprendrai, mais oui, je vous apprendrai tous mes secrets... Oui, Lucien, j'accepte. (*Elle tend la main.*) *extends*

LUCIEN. C'est vrai, madame? Ah! Merci madame.

(*Il lui baise la main.*)

ELISABETH, *enchantée*. Tenez, commençons tout de suite. Mais si, mais si! Je tiens parole. Prenez la brochure, là. Passez la redingote qu'a oubliée M. Ivan, dans la salle de bains. Il viendra sûrement la chercher demain. Le malheureux doit être fou de remords et de peur. Il n'ose même pas venir! Passez-la et venez vers moi en lisant le texte à partir de: «C'est moi, Marguerite, si repentant, si inquiet»... Page 82!

LUCIEN. Vraiment, cela ne vous ennuie pas trop?

ELISABETH. Mais non, cela m'amuse. Elisabeth Madran donne des leçons de comédie à un garçon d'étage!

(*Lucien va dans la salle de bains.*) Vous avez le texte?

LUCIEN. Oui.

ELISABETH. Et la redingote?

LUCIEN. Elle est un peu grande !

ELISABETH. Ça ne fait rien. Attendez que je tousse deux fois. Vous y êtes?

LUCIEN. J'y suis... Page 82.

ELISABETH. Attention, on y va!

(*Elle s'installe bien. Tape trois coups sur le mur et tousse deux fois.*

Rentre Lucien, nageant dans la redingote, grotesque, *swimming (in a coat too large for him)* *ravi.*)

LUCIEN, *lisant*. «C'est moi, Marguerite, si repentant, si inquiet, si coupable que je n'osais franchir le seuil de cette porte... Je suis resté dans la rue à pleurer et à prier. Marguerite, ne me *maudis* pas...» *curse*

ELISABETH. «Te pardonner, mon ami? Moi seule étais

coupable. Mais pouvais-je faire autrement? Je voulais ton bon-
heur, même *aux dépens* du mien...»   *at the expense*
    Elle déclame, les yeux fermés, devant Lucien immobile   *recites*
en redingote, pendant que baisse le

RIDEAU

MOTS-CLES (SCENES II ET III)

le public *audience*
le crétin *jerk*
retarder *to postpone, delay*
tenir à *to be keen on, insist on*
s'agenouiller *to kneel*
à genoux *on one's knees*
la mise en scène *staging, direction;*
  production (theatrical or movie)
la représentation *performance*
l'intrigue (f) *plot*
l'époque (f) *period;* à l'époque de *in the*
  days of

rendre quelqu'un (triste, heureux, fou,
  etc.) *to make someone (sad, happy, crazy,*
  etc.)
le chagrin *grief*
agacer *to irritate, to aggravate*
équilibré *well balanced*
mentir *to lie*
le mensonge *lie*
être au courant *to be in the know, be*
  informed
humilier *to humiliate*
malgré *despite*
grâce à *thanks to*
le remords *remorse*

EXPRESSIONS UTILES

Tu plaisantes! *You're joking!*
Tout va s'arranger. *Everything is going to be all right.*
Voulez-vous vous taire. *Will you shut up.*
Ça ne fait rien. *It doesn't matter.*
Bien sûr que oui (non)! *Of course (not)!*
Ça ne vous regarde pas. *It's none of your business.*
Fichez-moi la paix! *Leave me alone!*

COMPREHENSION DU TEXTE

Scènes deuxième et troisième

1. Pourquoi Elisabeth a-t-elle besoin de Lucien dans cette répétition ? Quel service lui-a-t-elle demandé?
2. Comment voyez-vous qu'Ivan n'apprécie pas jouer devant Lucien? A quoi voyons-nous qu'Elisabeth mais non Ivan veut jouer sérieusement?
3. Pourquoi est-ce Elisabeth qui donne une série d'ordres à Ivan?
4. Quelle sorte de personnage joue Ivan? Quels mots sont importants dans sa première réplique?
5. Pourquoi Lucien ne comprend-il pas? Que doit faire Elisabeth?
6. Selon Elisabeth, pourquoi Marguerite est-elle devenue tuberculeuse? De quelle époque date ce drame?
7. Quel effet produisent les questions de Lucien sur Ivan? Pourquoi se fâche-t-il finalement et dit-il qu'il «en a assez»? Pourquoi préfère-t-il ses propres amis?
8. Dans la scène III, quels reproches Lucien fait-il à Ivan?
9. Pourquoi Elisabeth raconte-t-elle des histoires? Quelle est la tragédie de la vie d'Elisabeth?
10. Quel jugement Ivan porte-t-il sur lui-même? Pourquoi continue-t-il à payer la pension d'Elisabeth?
11. Montrez comment Lucien a compris le drame d'Elisabeth. Comment va-t-il l'aider ?

COMPREHENSION GENERALE

1. A votre avis, pourquoi Elisabeth aime-t-elle particulièrement cette scène de la *Dame aux Camélias*?
2. Quel est, selon vous, le personnage le plus pathétique (*moving*) de cette pièce?
3. En quoi les personnages de Françoise Sagan sont-ils réalistes ? En quoi sont-ils convaincants?

PRATIQUE DE LA LANGUE

1. Un comédien très connu devait jouer ce soir mais il n'est pas arrivé. Décrivez les réactions du public en employant les mots **représentation, tenir à, agacer, vif (vive), retarder.**
2. Lucien explique au patron de la pension pourquoi il passe ses loisirs à jouer la comédie avec Elisabeth. Servez-vous des mots suivants pour indiquer ce qu'il dit: **le chagrin, équilibré, le mensonge, le remords, être au courant, humilier, malgré, grâce à, rendre heureux(se).**
3. «Je viens de quitter Elisabeth...» Ainsi commence le dialogue que vous allez imaginer entre Ivan et un ami du couple. Dans les répliques, introduisez le plus possible d'*Expressions utiles.*

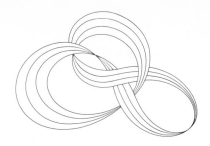

CONTROLE DU VOCABULAIRE

I. Dans le vocabulaire étudié dans ce chapitre, cherchez des termes qui ont un sens proche des mots ou des expressions suivants: **une actrice**; **irriter**; **se mettre à genoux**; **la profession**; **le directeur (d'une usine)**; **kidnapper**; **gauche**; **une réponse (au théâtre)**.

II. Cherchez des termes qui ont un sens opposé aux mots ou aux expressions suivants: **parler**; **dire la verité**; **l'espoir**; **laisser tomber**; **la joie**; **une personne connue**.

III. Quel *mot-clé* complète le sens de ces phrases?

1. Une personne qui ne peut pas parler est _____.
2. Sa conscience n'est pas en paix; il a des _____.
3. Les ouvriers ont arrêté le travail. Ils font _____ pour obtenir de meilleurs salaires.
4. On dit souvent d'un homme qui ne réussit pas dans la vie que c'est un _____.
5. Cet homme d'affaires connaît tant de gens; il a des _____ dans tous les pays du monde.

IV. Complétez ce texte en employant le vocabulaire du théâtre:

La semaine dernière, on a joué *Antigone*—la pièce d'Anouilh et non celle de Sophocle. Mon amie Françoise avait le premier _____. Depuis un mois elle était très occupée par les _____. Enfin le jour de la _____ est arrivé. J'étais content d'_____ à la «première,» mais j'étais nerveux aussi car j'avais peur qu'elle n'oublie une _____. La pièce a eu un succès terrible! Bien sûr, je connaissais l' _____ mais le _____ d'Antigone est un des plus émouvants que je connaisse.

V. Mettez ces répliques dans un ordre logique:

Pourquoi ne renonce-t-il pas au théâtre?   On se débrouille.
Vous n'êtes qu'un raté!   Bien sûr que si!
Tu n'es pas tombée amoureuse de ce petit crétin?   Fichez-moi la paix!
Puis-je m'asseoir à côté de vous?   Il l'a dans le sang.
Que fait-on quand on n'a pas d'argent?   Ça ne vous regarde pas.
Que vont faire cet homme et cette femme?   Hélas, je ne suis pas au courant.

VI. Quel effet auraient sur vous les situations suivantes? Employez **rendre** + l'adjectif qui convient.

être abordé(e) par un inconnu   muet(te)
un chagrin d'amour   triste
le coup de foudre   fou (folle) de joie
le succès   nerveux (nerveuse)

VII. Pour la colonne des journaux qui concernent les affaires de cœur, écrivez la confession d'une ratée et la réponse de «Chère Abi.» Qu'est-ce que cette liste de mots vous suggère? **être passionné de, rêver de, tenir à, réussir, ennuyer, pénible, se débarrasser, le désespoir, en vouloir à, inutile, se rendre compte (de** ou **que), renoncer à, lutter.**

ACTIVITES D'ENSEMBLE

1. Le théâtre joue-t-il un rôle passif ou actif dans votre vie? Combien de fois assistez-vous à une représentation? Pensez-vous que le théâtre peut être utile dans l'étude d'une langue?

2. Composez une critique (*review*) d'une pièce ou d'un film que vous avez vu récemment.

3. Composez de faux télégrammes; par exemple, celui que le héros de *Cœur à deux* enverrait pour impressionner sa compagne; celui que la duchesse adresserait au gouverneur après la rencontre d'Humulus et Hélène; celui que Lucien écrirait à Elisabeth pour faire croire qu'un théâtre la demande pour un rôle de vedette (*star*).

4. Supposez que les trois pièces de ce chapitre aient été proposées à un cinéaste pour en faire un film. Laquelle de ces pièces choisiriez-vous, si on vous en proposait la mise en scène? Expliquez votre choix dans un rapport au producteur (*producer*).

Around the turn of the century the French discovered a foreign comic vein for which
there was no domestic equivalent, and which was therefore designated by a word
derived from English: l'humour. Unlike the traditional French esprit (wit), with its
polished insolence, and l'ironie, with its ethical and denunciatory undertones, humor is
first and foremost a diversion — but a diversion that can be more subversive than satire,
because of its quiet refusal to take established values seriously. Of the enormous comic
output of the period, only a fraction can legitimately be classified as humor, and
Alphonse Allais produced more of it than anyone else. The nonchalant Allais was a
prolific writer whose output took the form of small nuggets. Easily filling ten volumes,
his complete work includes hundreds of short tales, skits, comical stanzas, and tongue-in-
cheek maxims. He may well be the most plagiarized of all humorists, since generations
of French comedians have stolen sparks from his tales, puns, and one-liners to kindle
their own comic fires.

Alphonse Allais

(1854–1905)

LE VEAU
(Conte de Noël pour Sara Salis)

Le Veau commence par une formule commune à tous les contes classiques. Très
vite, le ton change et l'histoire racontée sous forme de dialogue fait entrer des
éléments drôles et imprévus qui transforment ce conte de Noël en plaisanterie. C'est
une petite pièce à lire à haute voix pour en apprécier le caractère direct et enjoué.

Il y avait une fois un petit garçon qui avait été bien sage,
bien sage.

Alors, *pour son petit Noël*, son papa lui avait donné un   comme cadeau de Noël
veau.

«Un vrai?

— Oui, Sara, un vrai.

— En viande, et en peau?

— Oui, Sara, en viande est en peau.

— Qui marchait avec ses pattes?

— Puisque je te dis un vrai veau!

— Alors?

— Alors, le petit garçon était bien content d'avoir un
veau; seulement, comme il *faisait des saletés* dans le salon...   *was messing up*

— Le petit garçon?

— Non, le veau... Comme il faisait des saletés et du
bruit, et qu'il cassait les joujoux de ses petites sœurs...

— Il avait des petites sœurs, le veau?

— Mais non, les petites sœurs du petit garçon... alors on lui bâtit une petite *cabane* dans le jardin, une jolie petite cabane en bois...   *hut*

— Avec des petites fenêtres?

— Oui, Sara, *des tas* de petites fenêtres et *des carreaux* de toutes couleurs... Le soir, c'était le Réveillon.[1] Le papa et la maman du petit garçon étaient invités à souper chez une dame. Après dîner, *on endort* le petit garçon, et ses parents s'en vont...   *loads/glass panes*   *they put to sleep*

— On l'a laissé tout seul à la maison?

— Non, il y avait sa *bonne*... Seulement le petit garçon ne dormait pas. Il faisait semblant. Quand la bonne a été couchée, le petit garçon s'est levé et *il a été trouver* des petits camarades, qui demeuraient à côté...   *nurse*   *il est allé*

— Tout nu?

— Oh! non, il était habillé. Alors tous ces petits polissons, qui voulaient faire réveillon comme de grandes personnes, sont entrés dans la maison, mais ils ont été *bien attrapés*, la salle à manger et la cuisine étaient fermées. Alors, qu'est-ce qu'ils ont fait?...   *fooled*

— Qu'est-ce qu'ils ont fait, dis?

— Ils sont descendus dans le jardin et ils ont mangé le veau...

— Tout cru?

— Tout cru, tout cru.

— Oh! les vilains!

— Comme le veau cru est très difficile à digérer, tous ces petits polissons ont été très malades le lendemain. Heureusement que le médecin est venu! On leur a fait boire beaucoup de *tisane*, et ils ont été guéris... Seulement, depuis ce moment-là, on n'a plus jamais donné de veau au petit garçon.   *herb tea*

— Alors, qu'est-ce qu'il a dit, le petit garçon?

— Le petit garçon... il s'en fiche pas mal. »

---

[1]A celebration held on Christmas or New Year's Eve. Usually it involves drinking, eating (the *boudin*, or blood sausage, is traditional), and general merry-making.

MOTS-CLES

le veau *calf*
l'histoire (f) *story*
le conte *tale*
drôle *funny*
imprévu *unexpected*
la plaisanterie *joke*
enjoué *humourous, playful*
être sage *to be nice, well behaved (of a child)*
la peau *skin*

casser *to break*
le joujou (*pl* joujoux) *toy*
endormir; s'endormir *to put to sleep; to fall asleep*
faire semblant *to pretend*
nu *naked, bare*
le polisson, la polissonne *rascal, young scamp, imp*
cru *raw, crude*

EXPRESSIONS UTILES

Il y avait une fois... *Once upon a time . . .*
Il s'en fiche pas mal. *He couldn't care less.*
Il s'en fout. *He doesn't give a damn.*

COMPREHENSION DU TEXTE

1. Par quelles paroles commencent, en général, les contes français?
2. Le veau du petit garçon est-il un veau imaginaire? Quels détails justifient votre réponse?
3. Qu'est-ce qu'on a dû faire pour empêcher les dommages causés par le veau?
4. Pourquoi le petit garçon reste-t-il seul avec sa bonne? S'endort-il gentiment?
5. Les petits camarades étaient-ils des enfants bien sages? Qu'est-ce qu'ils ont décidé?
6. Dans quel état étaient les enfants le lendemain?
7. Quelle est la réaction du petit garçon à cet incident?

COMPREHENSION GENERALE

1. Quelles questions montrent que la petite fille est curieuse et même polissonne?
2. Qu'est-ce qui donne une note de fantaisie et d'humour à cette histoire?
3. Trouvez-vous la conclusion amusante? imprévue? absurde? ironique? Pourquoi?

PRATIQUE DE LA LANGUE

1. Demandez à un(e) camarade de raconter la B.D. qui illustre cette page. Posez-lui aussi des questions.

2. Quand vous étiez petit(e), étiez-vous un enfant sage ou polisson? Que faisiez-vous de bien ou de mal?

3. Tous les enfants aiment «faire semblant.» A quoi jouiez-vous à «faire semblant»?

4. Observez la photo à la page 119. Que signifie la mimique (*face*)? A quelle attitude correspond-elle? Comment exprimez-vous ou mimez-vous cette attitude?

5. Etes-vous un(e) «jemenfoutiste»? Faites un sondage portant sur dix questions. Par exemple, demandez si on s'intéresse à la politique, aux études, à la crise le l'énergie, au féminisme, à l'amour, à l'argent, aux bonnes manières, à la ponctualité, à la respectabilité, à la littérature. Celui qui répond trois fois «Je m'en fiche pas mal» ou «Je m'en fous» est sans doute un «jemenfoutiste».

6. Quel aspect du comique vous plaît le plus? les plaisanteries (même crues)? l'ironie? la satire? l'humour? Que pensez-vous du comique de Woody Allen? de Russell Baker? de Steve Martin?

LE JEMENFOUTISME

Boredom, Indecision, and Rejection

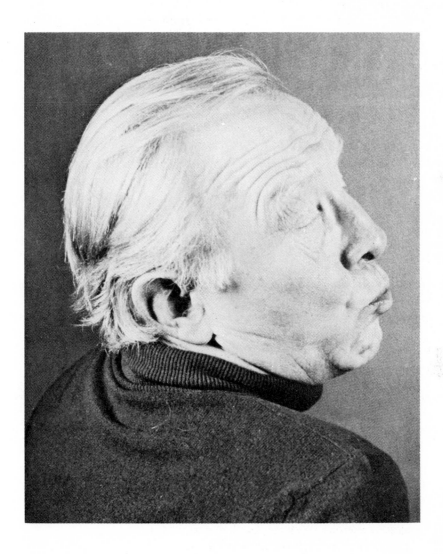

Guillaume Apollinaire played a major role in avant-garde art and literature in France during the early twentieth century. A friend of Picasso, Braque, and other modern painters, through his writings he helped popularize cubism and revealed African art to the Western public. His unconstrained and often experimental style in poetry, alternating casually between the contemporary and the classical, had a deep influence on all subsequent French poets.

Apollinaire, whose real name was Guillaume de Kostrowitzki, was born in Italy of a Polish mother and educated in Monaco. In keeping with his cosmopolitan upbringing, he showed a wide-ranging, encyclopedic curiosity for the esoteric, the erotic and the eccentric, as well as a penchant for practical jokes.

Though mostly remembered today for his poetry (Alcools, Calligrammes), a medium for which he had a strong predilection ("Prose is so hard!" he complained. "Writing verse is much easier."), he tried his hand at every genre, contributing articles, short stories, travel notes, and anecdotes to a number of periodicals.

Guillaume Apollinaire

(1880–1918)

LA DISPARITION D'HONORÉ SUBRAC

«La disparition d'Honoré Subrac» est-elle une histoire de fous? la relation d'un phénomène parapsychologique? ou une ingénieuse machination destinée à expliquer un crime? Dans ce conte fantastique, Apollinaire combine les éléments de cette étrange histoire de manière à lui donner le maximum de crédibilité. Il fait intervenir la presse, la police, la science. Mais c'est sans doute l'allure (pace) rapide et élégante de cette narration qui en fait le charme majeur. Pour raconter, l'auteur emploie le passé simple, temps littéraire qui a l'avantage d'avoir une forme plus courte et plus fluide que le passé composé. (Comparez, par exemple: «je n'eus aucune peine» et «je n'ai eu aucune peine»; «il devint plus poli» et «il est devenu plus poli»; «je me fis un devoir» et «je me suis fait un devoir».)

En dépit des recherches les plus minutieuses, la police n'est pas arrivée à élucider le mystère de la disparition d'Honoré Subrac.

Il était mon ami, et comme je connaissais la vérité sur son cas, *je me fis un devoir* de *mettre* la justice *au courant* de ce qui s'était passé. Le juge qui *recueillit mes déclarations* prit avec moi, après avoir écouté mon récit, un ton de politesse si épouvantée que je n'eus aucune peine à comprendre qu'il me prenait pour un fou. Je le lui dis. Il devint plus poli encore, puis, se levant, il me poussa vers la porte, et je vis son *greffier*, debout, les *poings serrés*, prêt à sauter sur moi si je *faisais le forcené*.

*I made it a point of duty
 to inform
heard my testimony*

*court clerk
with clenched fists
acted crazy*

Je n'insistai pas. Le cas d'Honoré Subrac est, en effet, si étrange que la vérité paraît incroyable. On a appris par les récits des journaux que Subrac passait pour un original. L'hiver comme l'été, il n'était vêtu que d'une *houppelande* et n'avait aux pieds que des *pantoufles*. Il était fort riche, et comme sa *tenue* m'étonnait, je lui en demandai un jour la raison:

— C'est pour être plus vite dévêtu, en cas de nécessité, me répondit-il. *Au demeurant*, on s'accoutume vite à sortir *peu vêtu*. On se passe fort bien de *linge*, de *bas* et de chapeau. Je vis ainsi depuis l'âge de vingt-cinq ans et je n'ai jamais été malade.

Ces paroles, au lieu de *m'éclairer*, *aiguisèrent* ma curiosité.

— Pourquoi donc, pensai-je, Honoré Subrac a-t-il besoin de se dévêtir si vite?

Et je faisais un grand nombre de suppositions…

Une nuit que je rentrais chez moi — il pouvait être une heure, une heure un quart — j'entendis mon nom prononcé à voix basse. Il me parut venir de la *muraille* que je *frôlais*. Je m'arrêtai désagréablement surpris.

— N'y a-t-il plus personne dans le rue? reprit la voix. C'est moi, Honoré Subrac.

long overcoat
slippers
way of dressing

besides

scantily dressed/underwear
socks

enlightening me/sharpened

le mur/*was almost touching*

— Où êtes-vous donc? m'écriai-je, en regardant de tous côtés sans parvenir à me faire une idée de l'endroit où mon ami pouvait se cacher.

Je découvris seulement sa fameuse houppelande *gisant* sur le trottoir, à côté de ses non moins fameuses pantoufles.

— Voilà un cas, pensai-je, où la nécessité a forcé Honoré Subrac à se dévêtir *en un clin d'œil*. Je vais enfin connaitre un beau mystère.

Et je dis à haute voix:

— La rue est déserte, cher ami, vous pouvez apparaitre.

Brusquement, Honoré Subrac se détacha en quelque sorte de la muraille contre laquelle je ne l'avais pas aperçu. Il était complètement nu et, avant tout, il *s'empara de* sa houppelande qu'il *endossa* et boutonna le plus vite qu'il put. Il *se chaussa* ensuite et, délibérément, me parla en m'accompagnant jusqu'à ma porte.

— Vous avez été étonné! dit-il, mais vous comprenez maintenant la raison pour laquelle je m'habille avec tant de bizarrerie. Et cependant vous n'avez pas compris comment j'ai pu échapper aussi complètement à vos regards. C'est bien simple. Il ne faut voir là qu'un phénomène de *mimétisme*... La nature est une bonne mère. Elle *a départi* à ceux de ses enfants que des dangers menacent, et qui sont trop faibles pour se défendre, le don de se confondre avec ce qui les entoure... Mais, vous connaissez tout cela. Vous savez que les papillons ressemblent aux fleurs, que certains insectes sont semblables à des feuilles, que le caméléon peut prendre la couleur qui le dissimule le mieux, que le *lièvre polaire* est devenu blanc comme des glaciales contrées où, couard autant que celui de nos *guérets*, il *détale* presque invisible.

C'est ainsi que ces faibles animaux échappent à leurs ennemis par une ingéniosité instinctive qui modifie leur aspect.

Et moi, qu'un ennemi poursuit sans cesse, moi, qui suis peureux et qui me sens incapable de me détendre dans une lutte, je suis semblable à ces bêtes: je me confonds *à volonté* et par terreur avec le *milieu ambiant*.

J'ai exercé pour la première fois cette faculté instinctive, il y a un certain nombre d'années déjà. J'avais vingt-cinq ans, et, généralement, les femmes me trouvaient *avenant* et bien fait. L'une d'elles, qui était mariée, *me témoigna* tant d'amitié que je ne sus point résister. Fatale liaison!... Une nuit, j'étais chez ma maîtresse. Son mari, *soi-disant*, était parti pour plusieurs jours. Nous étions nus comme des divinités, lorsque la porte s'ouvrit soudain, et le mari apparut un revolver à la main. Ma terreur fut *indicible*, et je n'eus qu'une envie, lâche que

lying

in the twinkling of an eye

grasps
put on
mit ses chaussures

mimicry
imparted

polar hare

fields/bolts

at will
surroundings

pleasant looking
showed me

supposedly

unspeakable

j'étais et que je suis encore: celle de disparaître. *M'adossant* — *backing up*
au mur, je souhaitai me confondre avec lui. Et l'événement
imprévu se réalisa aussitôt. Je devins de la couleur du *papier
de tenture*, et mes membres, *s'aplatissant* dans un *étirement* — *wallpaper/flattening out/ extension*
volontaire et inconcevable, il me parut que je faisais corps avec
le mur et que personne désormais ne me voyait. C'était vrai.
Le mari me cherchait pour me faire mourir. Il m'avait vu, et
il était impossible que je me fusse enfui. Il devint comme fou,
et, tournant sa rage contre sa femme, il la tua sauvagement
en lui tirant six coups de revolver dans la tête. Il s'en alla
ensuite, pleurant désespérément. Après son départ, instinc-
tivement, mon corps reprit sa forme normale et sa couleur
naturelle. Je m'habillai, et parvins à m'en aller avant que per-
sonne ne vienne. Cette bienheureuse faculté, qui *ressortit au* — *is associated with*
mimétisme, je l'ai conservée depuis. Le mari, ne m'ayant pas
tué, a consacré son existence à l'accomplissement de cette
tâche. Il me poursuit depuis longtemps à travers le monde, — *task*
et je pensais lui avoir échappé en venant habiter à Paris. Mais,
j'ai aperçu cet homme, quelques instants avant votre passage.
La terreur *me faisait claquer les dents*. Je n'ai eu que le temps — *made my teeth chatter*
de me dévêtir et de me confondre avec la muraille. Il a passé
près de moi, regardant curieusement cette houppelande et ces
pantoufles abandonnées sur le trottoir. Vous voyez combien
j'ai raison de m'habiller *sommairement*. Ma faculté mimétique — *scantily*
ne pourrait pas s'exercer si j'étais vêtu comme tout le monde.
Je ne pourrais pas me déshabiller assez vite pour échapper à
mon *bourreau*, et il importe, avant tout, que je sois nu, afin — *tormentor*
que mes vêtements, aplatis contre la muraille, ne rendent pas
inutile ma disparition défensive.

Je félicitai Subrac d'une faculté dont j'avais les preuves
et que je lui enviais...

Les jours suivants, je ne pensai qu'à cela et je me sur-
prenais, *à tout propos*, *tendant* ma volonté dans le but de — *at every turn   straining*
modifier ma forme et ma couleur. Je tentai de me changer en
autobus, en Tour Eiffel, en Académicien,[1] en *gagnant du gros
lot*. Mes efforts furent vains. *Je n'y étais pas*. Ma volonté n'avait — *a lottery winner/ I wasn't with it*
pas assez de force, et puis il me manquait cette sainte terreur,
ce formidable danger qui avait réveillé les instincts d'Honoré
Subrac...

[1]A member of the French Academy of letters, a distinguished body of forty
eminent French authors; membership in the conservative Academy is often
ridiculed by the avant-garde.

Je ne l'avais point vu depuis quelque temps, lorsqu'un jour, il arriva *affolé*:

— Cet homme, mon ennemi, me dit-il, me guette partout. J'ai pu lui échapper trois fois en exerçant ma faculté, mais j'ai peur, j'ai peur, cher ami.

Je vis qu'il avait maigri, mais *je me gardai de* le lui dire.

— Il ne vous reste qu'une chose à faire, déclarai-je. Pour échapper à un ennemi aussi *impitoyable*: partez! Cachez-vous dans un village. Laissez-moi le soin de vos affaires et dirigez-vous vers la gare la plus proche.

Il me serra la main en disant:

— Accompagnez-moi, je vous en supplie, j'ai peur!

Dans la rue, nous marchâmes en silence, Honoré Subrac tournait constamment la tête, d'un air inquiet. Tout à coup, il poussa un cri et se mit à fuir en se débarrassant de sa houppelande et de ses pantoufles. Et je vis qu'un homme arrivait derrière nous en courant. J'essayai de l'arrêter. Mais il m'échappa. Il tenait un revolver qu'il *braquait* dans la direction d'Honoré Subrac. Celui-ci *venait d'atteindre* un long mur de *caserne* et disparut comme par enchantement.

L'homme au revolver s'arrêta stupéfait, poussant une exclamation de rage, et, comme pour se venger du mur qui semblait lui avoir ravi sa victime, il déchargea son revolver sur le point où Honoré Subrac avait disparu. Il s'en alla ensuite, en courant...

Des gens se rassemblèrent, des *sergents de ville* vinrent les disperser. Alors, j'appelai mon ami. Mais il ne me répondit pas.

Je tâtai la muraille, elle était encore tiède, et je remarquai que, des six balles de revolver, trois avaient frappé à la hauteur d'un cœur d'homme, tandis que les autres avaient *éraflé* le plâtre, plus haut, là où il me sembla distinguer, vaguement, les contours d'un visage.

frantic

I took care not to

pitiless

aimed
had just reached
barracks

policiers

grazed

MOTS-CLES

la recherche *research, investigation*
le mystère *mystery*
le récit *narration, account*
mettre au courant (de) *to acquaint someone with the facts, to tell someone all about*
épouvanté *terrified*
incroyable *unbelievable*

l'original (m), l'originale (f) *eccentric*
s'accoutumer à *to get used to*
au lieu de (+ *inf.*) *instead of*
s'écrier *to exclaim*
se confondre avec *to blend with*
entourer *to surround*
poursuivre *to chase, pursue*

peureux, peureuse *timorous, easily frightened*
lâche; un lâche *cowardly; a coward*
volontaire *willful*
tirer des coups de revolver *to fire a revolver*
tuer *to kill*
consacrer (sa vie, etc.) à *to devote (one's life, etc.) to*

féliciter (quelqu'un) de *to congratulate (someone) on*
la preuve *proof, evidence*
guetter *to be on the lookout for*
serrer la main de *to shake hands with*
inquiet, inquiète *worried*
se venger de *to take revenge on*
tiède *lukewarm*

EXPRESSIONS UTILES

Pourquoi donc? *But why?*
Où êtes-vous donc? *Where the devil are you?*
(*In both examples,* donc *merely serves to add emphasis.*)
Il ne vous reste qu'une chose à faire. *There's only one thing (left) for you to do.*

COMPREHENSION DU TEXTE

1. Comment savons-nous que la disparition d'Honoré Subrac n'est pas normale?
2. Quand le narrateur fait ses déclarations au juge, quelle est l'attitude de celui-ci?
3. Comment l'auteur éveille-t-il notre curiosité à propos du cas Subrac?
4. Quelle explication Subrac donnait-il de sa tenue?
5. Pourquoi le narrateur n'a-t-il pas vu Subrac, et qu'est-ce que Subrac est capable de faire?
6. Dans quelles conditions Honoré Subrac a-t-il découvert sa faculté spéciale?
7. Qu'est-ce qui permet à Subrac d'exercer cette faculté?
8. Comment se passent la vie de Subrac et celle du mari?
9. Pourquoi le narrateur croit-il à l'histoire de Subrac?
10. Pourquoi Subrac est-il affolé quand il vient chez son ami?
11. Que se passe-t-il sur le chemin de la gare?
12. Quelle est la conclusion fantastique du récit?

COMPREHENSION GENERALE

1. Quelles parties du texte donnent au récit d'Appollinaire (a) du suspense? (b) une apparence scientifique? (c) un ton humoristique?
2. Comment le fait que l'auteur prend part à l'action affecte-t-il le récit?
3. Quelle autre interprétation pouvez-vous donner à cette histoire fantastique?

PRATIQUE DE LA LANGUE

1. Composez des titres de journaux qui annoncent la disparition de Subrac (titres différents pour la presse sérieuse ou la presse à sensations).

2. Imaginez les commentaires que le juge fait au greffier après le départ du narrateur. Employez les mots **serrer la main, féliciter, empêcher de, original, tuer, au lieu de, lâche, épouvanté, poursuivre, inquiet, la preuve, arrêter** (*to arrest*).

3. En vous servant des *Expressions utiles* et des formules suggérées ci-dessous, racontez sous forme de dialogue les scènes suivantes.

   a. L'ami de Subrac est arrêté par un détective qui le croit responsable de la disparition de cet original.

   b. Un agent de police observe l'ami de Subrac en train de se frotter (*rubbing himself*), contre la Tour Eiffel.

   c. Un inconnu vous aborde et vous accuse de le guetter et de le poursuivre partout où il va.

Si vous êtes dérouté (*confused*), dites:

Pardon?
Qu'est-ce que cela signifie?
Pouvez-vous me dire ce qui se passe?
Et puis?
C'est embêtant.
Je ne parviens pas à me faire une idée.

Si vous êtes surpris et même un peu choqué, dites:

C'est étrange, non?
Vous plaisantez? (Tu plaisantes?)
Est-ce qu'il vous est déjà arrivé de...
Vous vous rendez compte! (Tu te rends compte!)
C'est incroyable!

Known throughout the world as the author of Carmen, Mérimée has remained popular over more than a century of changing literary tastes. Although he lived in the age of Romanticism, unlike the Romantics, he maintained a distance between himself and his subject. Through his use of irony, he undercut expressions of personal feeling. Often smiling, sometimes caustic, this technique lent a tongue-in-cheek flavor to his well-constructed narratives. Mérimée approached literature as he did life itself, bearing in mind the motto "Souviens-toi de te méfier" (Remember not to trust).

A scholar and amazing polyglot, he spoke English, Spanish, and Italian fluently and knew Russian well enough to translate Turgenev, Pushkin, and Gogol. At the same time he delighted in mystifying his contemporaries: he first achieved fame as the "discoverer" of a mysterious Spanish poetess whose works he had forged completely. Subsequently he perpetuated other literary hoaxes at the expense of the gullible Romantics.

As we experience the subtle shades of anxiety gradually introduced into La Chambre bleue, we can imagine what Alfred Hitchcock would do with it, or even Mérimée himself, were he a filmmaker of our time.

Prosper Mérimée

(1803–1870)

LA CHAMBRE BLEUE
(A Madame de la Rhune)

Dans cette dédicace, le nom de Madame de la Rhune dissimule, en fait, l'impératrice Eugénie, épouse de Napoléon III. C'était une grande amie de Mérimée et nous verrons, dans ce récit, qu'il rend un hommage discret à cette princesse. Le lecteur d'aujourd'hui doit faire un petit effort d'imagination pour reconstituer le décor de cette aventure qui se passe en 1886. Mais il ne suffit pas d'évoquer les trains antiques, les beaux uniformes ou les crinolines (*hoop skirts*), il faut aussi se rappeler les mœurs de l'époque. Les jeunes filles étaient fréquemment mariées contre leur consentement et, ne trouvant pas l'amour dans un mariage arrangé, elles le cherchaient parfois dans des escapades galantes.

… Toutes les fois qu'une femme entrait dans le chemin de fer…, toutes les fois qu'une voiture s'arrêtait à la porte, le cœur du jeune homme aux lunettes bleues *se gonflait* comme un ballon, ses genoux tremblotaient, son sac était près d'échapper de ses mains et ses lunettes de tomber de son nez, où, *pour le dire en passant*, elles étaient placées *tout de travers*.

la gare

swelled

incidentally   all askew

Après une longue attente, parut, par une porte de côté, venant précisément du seul point qui ne fût pas l'objet d'une observation continuelle, une femme vêtue de noir, avec un voile épais sur le visage, et qui tenait à la main un sac de *maroquin* brun, contenant, comme je l'ai découvert *dans la suite*, une merveilleuse robe de chambre et *des mules* de satin bleu. La femme et le jeune homme s'avancèrent l'un vers l'autre, regardant à droite et à gauche, jamais devant eux. Ils

morocco leather

later on   slippers

se joignirent, se touchèrent la main et demeurèrent quelques
minutes sans se dire un mot, palpitants, pantelants, *en proie
à* une de ces émotions poignantes pour lesquelles je donnerais,   *a prey to*
moi, cent ans de la vie d'un philosophe.

Quand ils trouvèrent la force de parler:

—Léon, dit la jeune femme (j'ai oublié de dire qu'elle
était jeune et jolie), Léon, quel bonheur! Jamais je ne vous
aurais reconnu sous ces lunettes bleues.

—Quel bonheur! dit Léon. Jamais je ne vous aurais reconnue sous ce voile noir.

—Quel bonheur! reprit-elle. Prenons vite nos places;
si le chemin de fer allait partir sans nous!... (Et elle lui serra
le bras fortement.) On ne se doute de rien. Je suis en ce
moment avec Clara et son mari, en route pour sa *maison de*   *country house/lowering*
campagne,... Et, ajouta-t-elle en riant et *baissant* la tête, il
y a une heure qu'elle est partie, et demain... après avoir passé
la dernière soirée avec elle... (de nouveau elle lui serra le
bras), demain, dans la matinée, elle me laissera à la station,
où je trouverai *Ursule*, que j'ai envoyée devant, chez ma   *(her maid)*
tante... Oh! j'ai tout prévu! Prenons nos billets... Il est impossible *qu'on nous devine!* Oh! si on nous demande nos noms   *they find us out*
dans l'auberge? j'ai déjà oublié...

—Monsieur et madame Duru.

—Oh! non. Pas Duru. Il y avait à la *pension* un *cordon-*   *boarding school*
nier qui s'appelait comme cela.

SEULS, ENFIN! Musée Carnavalet.
(Photo Hachette.)

—Alors, Dumont?

—Daumont.

—*A la bonne heure*, mais on ne nous demandera rien.

> *Very well, then*

La cloche sonna, la porte de la salle d'attente s'ouvrit, et la jeune femme, toujours soigneusement voilée, s'élança *dans une diligence* avec son jeune compagnon. Pour la seconde fois, la cloche *retentit;* on ferma la *portière* de leur compartiment.

> *dans le train*
> *rang out/door*

—Nous sommes seuls! s'écrièrent-ils avec joie.

Mais, presque au même moment, un homme d'environ cinquante ans, tout habillé de noir, l'air grave et ennuyé, entra dans la voiture et s'établit dans un coin. La locomotive *siffla* et le train se mit en marche. Les deux jeunes gens, retirés le plus loin qu'ils avaient pu de leur incommode voisin, commencèrent à se parler bas et en anglais *par surcroît de précaution.*

> *whistled*
> *for added precaution*

—Monsieur, dit l'autre voyageur dans la même langue et avec un bien plus pur accent britannique, si vous avez des secrets à vous *conter*, vous ferez bien de ne pas les dire en anglais devant moi. Je suis Anglais. Désolé de vous gêner, mais, dans l'autre compartiment, il y avait un homme seul, et j'ai pour principe de ne jamais voyager avec un homme seul... Celui-là avait une figure de Judas. Et cela aurait pu *le tenter.*

> *dire*
> *tempt him*

Il montra son sac de voyage, qu'il avait jeté devant lui sur un *coussin.*

—*Au reste*, si je ne dors pas, je lirai.

> *cushion*
> *besides*

En effet, il essaya loyalement de dormir. Il ouvrit son sac, en tira une casquette commode, la mit sur sa tête, et tint les yeux fermés pendant quelques minutes; puis il les rouvrit avec un geste d'impatience, chercha dans son sac des lunettes, puis un livre grec; enfin, il se mit à lire avec beaucoup d'attention. Pour prendre le livre dans le sac, il fallut déranger maint objet entassé au *hasard*. Entre autres, il tira des profondeurs du sac une assez grosse *liasse de billets* de la banque d'Angleterre, et, avant de la replacer dans le sac, il la montra au jeune homme en lui demandant *s'il trouverait* à changer des banknotes à N***.

> *picked at random*
> *wad of banknotes*
> *if he could*

—Probablement. C'est sur la route d'Angleterre.

N*** était le lieu où se dirigeaient les deux jeunes gens. Il y a à N*** un petit hôtel assez propret, où l'on ne s'arrête guère que le samedi soir... Le jeune homme, que j'ai déjà appelé Léon, avait été *reconnaître* cet hôtel quelque temps *auparavant*, sans lunettes bleues, et, sur le rapport qu'il en avait fait, son amie avait paru éprouver le désir de le visiter.

> *reconnoiter*
> *avant*

Elle se trouvait, d'ailleurs, ce jour-là, dans une *disposition d'esprit* telle, que les murs d'une prison lui *eussent*

> *frame of mind*   *auraient*

semblé pleins de charmes, *si elle y eût été enfermée* avec | had she been confined
Léon.

Cependant, le train allait toujours; l'Anglais lisait son grec sans tourner la tête vers ses compagnons, qui causaient si bas, que des amants seuls *eussent* pu s'entendre. Peut-être | auraient
ne surprendrai-je pas mes lecteurs en leur disant que c'étaient des amants *dans toute la force du terme*, et, ce qu'il y avait | in the full sense of the word
de déplorable, c'est qu'ils n'étaient pas mariés, et il y avait des raisons qui s'opposaient à ce qu'ils *le fussent*. | fussent mariés

On arriva à N***. L'Anglais descendit le premier. Pendant que Léon aidait son amie, un homme s'élança sur la plate-forme, du compartiment voisin. Il était pâle, jaune même, les yeux *creux et injectés de sang*, la *barbe mal faite*, | deep-set and bloodshot/ ill shaven
signe auquel on reconnaît souvent les grands criminels. Son costume était propre mais *usé jusqu'à la corde*. Sa *redingote*, | threadbare/frock coat
jadis noire, maintenant grise au dos et aux coudes, était bou- | once
tonnée jusqu'au menton, probablement pour cacher un *gilet* | vest
encore plus *râpé*. Il s'avança vers l'Anglais, et, d'un ton très | worn out
humble:

—Uncle!... lui dit-il.

—Leave me alone, you wretch! s'écria l'Anglais, dont l'œil gris s'alluma d'un *éclat* de colère. | flash

Et il fit un pas pour sortir de la station.

—Don't drive me to despair, reprit l'autre avec un accent à la fois lamentable et presque menaçant.

—Veuillez être assez bon pour garder mon sac un instant, dit le vieil Anglais, en jetant son sac de voyage aux pieds de Léon.

Aussitôt il prit le bras de l'homme qui l'avait accosté, le mena ou plutôt le poussa dans un coin, où il espérait n'être pas entendu, et, là, il lui parla un moment d'un ton fort rude, comme il semblait. Puis il tira de sa poche quelques papiers, et les mit dans la main de l'homme qui l'avait appelé son oncle. Ce dernier prit les papiers sans remercier et presque aussitôt s'éloigna et disparut.

Il n'y a qu'un hôtel à N***, il ne faut donc pas s'étonner si, au bout de quelques minutes, tous les personnages de cette *véridique* histoire s'y retrouvèrent. En France, tout voyageur | true
qui a le bonheur d'avoir une femme *bien mise* à son bras est | well dressed
sur d'obtenir la meilleure chambre dans tous les hôtels; aussi est-il établi que nous sommes la nation la plus polie de l'Europe.(...)

Cette chambre s'appelait la chambre bleue, parce que les deux fauteuils à droite et à gauche de la cheminée étaient en *velours* d'Utrecht de cette couleur. | velvet

Tandis que les servantes de l'hôtel *s'empressaient* autour | fussed de *la nouvelle arrivée* et lui faisaient leurs offres de service, Léon, qui n'était pas dépourvu de bon sens quoique amoureux, allait à la cuisine commander le dîner. Il lui fallut employer toute sa rhétorique et quelques moyens de corruption pour obtenir la promesse d'un dîner *à part;* mais son horreur fut grande lorsqu'il apprit que, dans la principale salle à manger, c'est-à-dire à côté de sa chambre, MM. les officiers *du 3ᵉ hussards*, qui allaient relever MM. les officiers du 3ᵉ *chasseurs* à N***, devaient se réunir à ces derniers, le jour même, dans un dîner d'adieu où régnerait une grande cordialité.

Comme Léon regagnait la chambre bleue, il s'aperçut que son Anglais occupait la chambre à côté de la sienne. La porte était ouverte. L'Anglais, assis devant une table sur laquelle étaient un verre et une bouteille, regardait le plafond avec une attention profonde, comme s'il comptait les mouches qui s'y promenaient.

—Qu'importe le voisinage! se dit Léon. L'Anglais sera bientôt ivre, et les hussards s'en iront avant minuit.

En entrant dans la chambre bleue, son premier soin fut de s'assurer que les portes de communication étaient bien fermées et qu'elles avaient des *verrous*. Du côté de l'Anglais il y avait double porte; les murs étaient épais. Du côté des hussards la *paroi* était plus mince, mais la porte avait *serrure* et verrou...

Assurément, l'imagination la plus riche ne peut se représenter de *félicité* plus complète que celle de deux jeunes amants qui, après une longue attente, se trouvent seuls, loin des jaloux et des curieux, en mesure de se conter à loisir leurs souffrances passées et de savourer les *délices* d'une parfaite réunion. Mais le diable trouve toujours le moyen de *verser* sa goutte d'*absinthe*[1] dans la coupe du bonheur.

Johnson a écrit, mais non le premier, et il l'avait pris à un Grec, que nul homme ne peut se dire: «Aujourd'hui je serai heureux.» Cette vérité reconnue, par les plus grands philosophes est encore ignorée par un certain nombre de mortels et singulièrement par la plupart des amoureux.

Tout en faisant un assez médiocre dîner, dans la chambre bleue, Léon et son amie eurent beaucoup à souffrir de la conversation à laquelle se livraient ces messieurs dans la salle voisine. On y tenait des *propos* étrangers à la stratégie et à la tactique, et que *je me garderai bien de rapporter*, le tout accompagné de rires éclatants. La situation devenait de plus en plus embarrassante, et comme on allait apporter le dessert de MM. les officiers, Léon crut devoir descendre à la cuisine

newcomer

served in their room

(a cavalry regiment)/
(an infantry regiment)

bolts

partition/lock

bliss

delights
pour

utterances
I will refrain from repeating

---

[1]A strong, harmful drink of the nineteenth century, since banned.

pour prier l'hôte de représenter à ces messieurs qu'il y avait une femme *souffrante* dans la chambre à côté d'eux, et qu'on attendait de leur politesse qu'ils voudraient bien faire un peu moins de bruit.

légèrement malade

Le maître d'hôtel, comme il arrive dans les dîners de *corps*, était *tout ahuri* et ne savait à qui répondre. Au moment où Léon lui donnait son message pour les officiers, un garçon lui demandait du vin de Champagne pour les hussards, une servante du vin de Porto pour l'Anglais.

officer corps   dumbfounded

(...) L'hôte *fit la commission* que Léon venait de lui donner. Elle excita tout d'abord une *tempête furieuse*.

delivered the message
storm of protest

Puis une voix de basse qui dominait toutes les autres, demanda quelle espèce de femme était leur voisine. Il se fit une sorte de silence. L'hôte répondit:

—Ma foi! messieurs, je ne sais trop que vous dire. Elle est bien gentille et bien timide, Marie-Jeanne dit qu'elle a une *alliance* au doigt. Ça se pourrait bien que ce fût une mariée, qui vient ici pour *faire la noce, comme il en vient des fois.*

wedding ring
to honeymoon, as they sometimes do

—Une mariée? s'écrièrent quarante voix, il faut qu'elle vienne trinquer avec nous! Nous allons boire à sa santé, et apprendre au mari ses devoirs conjugaux!

A ces mots, on entendit un grand bruit d'*éperons*, et nos amants tressaillirent, pensant que leur chambre allait être *prise d'assaut*. Mais soudain une voix s'élève qui arrête le mouvement. Il était évident que c'était un chef qui parlait. Il reprocha aux officiers leur impolitesse et leur *intima* l'ordre de se rasseoir et de parler décemment et sans crier.(...)

spurs

stormed

notified

Ils croyaient la paix faite avec les hussards; hélas! ce n'était qu'une *trêve*. Au moment où ils s'y attendaient le moins, lorsqu'ils étaient à mille *lieues* de ce monde *sublunaire*, voilà vingt-quatre trompettes soutenues de quelques trombones qui sonnent l'air connu des soldats français: La victoire est à nous! Le moyen de résister à pareille tempête? Les pauvres amants furent bien à plaindre.

truce
leagues/sublunary (earthly)

A la fin les officiers quittèrent la salle à manger, *défilant* devant la porte de la chambre bleue avec un grand *cliquetis* de sabres et d'éperons, et criant l'un après l'autre:

marching
rattling

—Bonsoir, madame la mariée!

Puis tout bruit cessa. Je me trompe, l'Anglais sortit dans le corridor et cria:

—Garçon! apportez-moi une autre bouteille du même porto.

Le calme était rétabli, dans l'hôtel de N***. La nuit était douce, *la lune dans son plein*. Depuis un temps immémorial, les amants se plaisent à regarder notre satellite. Léon

full moon

et son amie ouvrirent leur fenêtre, qui donnait sur un petit jardin, et aspirèrent avec plaisir l'air frais *qu'embaumait un berceau de clématites.*

> *made fragrant by a bower of clematis*

Ils n'y restèrent pas longtemps toutefois. Un homme se promenait dans le jardin, la tête baissée, les bras croisés, un cigare à la bouche. Léon crut reconnaître le neveu de l'Anglais qui aimait le bon vin de Porto.

MOTS-CLES *(première partie)*

dissimuler *to conceal, cover up*
le lecteur, la lectrice *reader*
les mœurs (f pl) *mores, customs*
l'attente (f) *wait*
attendre *to wait for*
les lunettes (f pl) *eyeglasses*
le voile *veil*
épais, épaisse *thick*
serrer *to press, squeeze*
se douter de *to suspect*
s'élancer *to rush*
se mettre en marche *to start (of a vehicle)*
l'auberge (f) *inn*
le voisin *neighbor*
incommode *inconvenient*
commode *convenient, comfortable*
le billet *ticket;* billet de banque *banknote*

l'amant (m) *lover*
allumer *to light (a fire, a light)*
éteindre *to turn off*
menaçant *threatening*
menacer *to threaten*
dépourvu de *deprived of, bereft of*
le bon sens *common sense*
se réunir *to gather*
s'apercevoir (de) *to realize, to notice*
ivre *drunk*
le rire *laughter*
éclatant *loud, piercing*
la mariée *bride*
crier *to shout*
la paix *peace*
tressaillir *to shudder, shiver*

EXPRESSIONS UTILES

Désolé de vous gêner. *Sorry to bother you.*
Veuillez être assez bon pour... *Would you be so kind as to . . .*
Il ne faut pas s'étonner. *It's not surprising.*
Qu'importe! *What does it matter?*
Nous allons boire à sa santé. *We will drink a toast to him (her).*

COMPREHENSION DU TEXTE

1. Quels éléments de la mise en scène suggèrent un mystère? Où se passe le début de cette histoire? Comment apparaît le jeune homme?
2. Pourquoi n'est-il pas facile de reconnaître la jeune femme? A quoi voit-on qu'elle est amoureuse?
3. Qu'est-ce que le mari de la jeune femme sait de ce voyage? Pourquoi?
4. Où les deux jeunes gens vont-ils aller et qui prétendent-ils être?
5. Que se passe-t-il au moment du départ?
6. Comment ont-ils deux fois des surprises désagréables dans le compartiment?
7. Comment voit-on que l'Anglais est riche?
8. Comment Mérimée fait-il participer le lecteur au récit?
9. Quelle impression donne l'inconnu qui parle anglais?
10. Comment Léon s'arrange-t-il à l'auberge pour faire servir le dîner dans la chambre bleue?
11. Que va-t-il se passer dans la chambre voisine et pourquoi Léon est-il ennuyé?
12. Pourquoi Léon sera-t-il moins gêné par son autre voisin?
13. Qu'est-ce que Léon fait demander aux officiers et pourquoi?
14. Quelle est la réaction des militaires quand leur hôte leur parle de la dame? Qui est-ce qui les calme, finalement?
15. Qu'est-ce que les amants croyaient et pourquoi sont-ils à plaindre?
16. Comment se termine finalement la soirée?

PRATIQUE DE LA LANGUE

1. En employant le plus possible de *Mots-clés*, composez le récit que la jeune femme pourrait faire à son amie Clara sur le début de son aventure.
2. Décrivez le couple du point de vue de l'Anglais.
3. Un détective suit les deux Anglais. A la gare de N***, il téléphone à son supérieur pour lui rapporter ce qui s'est passé dans le train et sur le quai. Faites son rapport.
4. En employant les formules ci-dessous, reconstituez les conversations embarrassantes de Léon avec (a) l'hôte; (b) les hussards qui finiront par lui porter un toast.

Si vous devez vous excuser, dites:

Je vous demande pardon.
Désolé de vous gêner.
Je suis confus(e) (-embarrassé)
Ne m'en veuillez pas.
Veuillez être assez bon(ne) pour...

DEUXIEME PARTIE

Je hais les détails inutiles, et, d'ailleurs, je ne me crois pas obligé de dire au lecteur tout ce qu'il peut facilement imaginer, ni de raconter, heure par heure, tout ce qui se passa dans l'hôtel de N***. Je dirai donc que la *bougie* qui brûlait sur la cheminée sans feu de la chambre bleue était *plus d'à moitié consumée*, quand, dans l'appartement de l'Anglais, *naguère* silencieux, un bruit étrange se fit entendre, comme un corps lourd peut en produire en tombant. A ce bruit se joignit une sorte de *craquement* non moins étrange, suivi d'un *cri étouffé* et de quelques mots indistincts, semblables à une *imprécation*. Les deux jeunes habitants de la chambre bleue tressaillirent. Peut-être avaient-ils été réveillés en sursaut. Sur l'un et l'autre, ce bruit, qu'ils ne s'expliquaient pas, avait causé une impression presque sinistre. *candle*

more than half burned down

lately

creaking

muffled shout

curse

— C'est notre Anglais qui rêve, dit Léon en s'efforçant de sourire.

Mais il voulait rassurer sa compagne, et il frissonna involontairement. Deux ou trois minutes après, une porte s'ouvrit dans le corridor, avec précaution, comme il semblait; puis elle se referma très doucement. On entendit un *pas* lent et *mal assuré* qui, selon toute apparence, cherchait à se dissimuler. *footstep*

unsteady

— *Maudite* auberge! s'écria Léon. *accursed*

— Ah! c'est le paradis!... répondit la jeune femme en laissant tomber sa tête sur l'épaule de Léon. Je meurs de sommeil...

Elle soupira et se rendormit presque aussitôt.

Un moraliste illustre a dit que les hommes ne sont jamais bavards lorsqu'ils n'ont plus rien à demander. Qu'on ne s'étonne donc point si Léon ne fit aucune tentative pour renouer la conversation, ou disserter sur les bruits de l'hôtel de N***. Malgré lui, il en était préoccupé. La figure sinistre du neveu de l'Anglais lui revenait en mémoire. Il y avait de la haine dans le regard qu'il jetait à son oncle, tout en lui parlant avec humilité, sans doute parce qu'il lui demandait de l'argent.

Quoi de plus facile à un homme jeune encore et vigoureux, désespéré en outre, que de *grimper* du jardin à la fenêtre de la chambre voisine? D'ailleurs, il logeait dans l'hôtel, puisque, la nuit, il se promenait dans le jardin. Peut-être... probablement même... indubitablement, il savait que le sac noir de son oncle *renfermait* une grosse liasse de billets de *climb*

contained

banque… Et *ce coup sourd*, comme un *coup de massue* sur un *crâne chauve*!… ce cri étouffé!… ce *jurement* affreux! et ces pas ensuite! Ce neveu avait la mine d'un assassin… Mais on n'assassine pas dans un hôtel plein d'officiers. Sans doute cet Anglais avait mis le verrou en homme prudent, surtout sachant *le drôle* aux environs… Il s'en défiait, puisqu'il n'avait pas voulu l'aborder avec son sac à la main… Pourquoi *se livrer à des pensées hideuses* quand on est si heureux?

    Voilà ce que Léon se disait mentalement. Au milieu de ses pensées que je me garderai d'analyser plus longuement et qui se présentaient à lui presque aussi confuses que les visions d'un rêve, il avait les yeux fixés machinalement vers la porte de communication entre la chambre bleue et celle de l'Anglais.

    En France, les portes ferment mal. Entre celle-ci et le *parquet*, il y avait un intervalle d'au moins deux centimètres. Tout à coup, dans cet intervalle, à peine éclairé par le *reflet* du parquet, parut quelque chose de noirâtre, *plat*, semblable à une *lame de couteau*, car le *bord*, frappé par la lumière de la bougie, présentait une ligne mince, très brillante. Cela se mouvait lentement dans la direction d'une petite *mule* de satin bleu, jetée indiscrètement à peu de distance de cette porte. Etait-ce quelque insecte comme un *mille-pattes*?… Non; ce n'est pas un insecte. Cela n'a pas de forme déterminée… Deux ou trois traînées brunes, chacune avec sa ligne de lumière sur les bords, ont pénétré dans la chambre. Leur mouvement s'accélère, grâce à la *pente* du parquet… Elles s'avancent rapidement, elles viennent *effleurer* la petite mule. Plus de doute! C'est un liquide, et, ce liquide, on en voyait maintenant distinctement la couleur à la *lueur* de la bougie, c'était du sang! Et tandis que Léon, immobile, regardait avec horreur ces traînées effroyables, la jeune femme dormait toujours d'un sommeil tranquille, et sa respiration régulière échauffait le cou et l'épaule de son amant.(…) Je m'imagine que la plupart de mes lecteurs, et surtout mes lectrices, remplis de sentiments héroïques, blâmeront en cette circonstance la conduite et l'immobilité de Léon. Il aurait dû, me dira-t-on, courir à la chambre de l'Anglais et arrêter le meurtrier, tout au moins *tirer sa sonnette* et appeler les gens de l'hôtel. — A cela je répondrai… que, s'il est mal de laisser mourir un Anglais à côté de soi, il n'est pas *louable* de lui sacrifier une femme qui dort la tête sur votre épaule. Que serait-il arrivé si Léon *eut* fait un *tapage* à réveiller l'hôtel? Les gendarmes, le procureur impérial[1] et son greffier seraient arrivés aussitôt. Avant de

dull blow/club
a bald skull/juron

knave

entertain such hideous thoughts

floor
reflection
flat
knife blade/rim

slipper

centipede

slope
touch

glow

pull the bell

commendable
avait
grand bruit

---

[1]public prosecutor. He was "imperial" because the story takes place under the Second Empire.

lui demander ce qu'il avait vu ou entendu, ces messieurs sont, par profession, si curieux qu'ils lui auraient dit tout d'abord:

— Comment vous nommez-vous? Vos papiers? Et madame? Que faisiez-vous ensemble dans la chambre bleue? Vous aurez à comparaître en *cour d'assises* pour dire que le tant de tel mois, à telle heure, de nuit, vous avez été les témoins de tel fait.

criminal court

Or, c'est précisément cette idée de procureur impérial et de gens de justice qui la première se présenta à l'esprit de Léon. Il y a parfois dans la vie des cas de conscience difficiles à résoudre; vaut-il mieux *laisser égorger* un voyageur inconnu, ou *déshonorer* et perdre la femme qu'on aime?

have the throat cut
disgrace

Léon fit donc ce que probablement plusieurs eussent fait à sa place: il ne bougea pas.

Les yeux fixés sur la mule bleue et le petit *ruisseau* rouge qui la touchait, il demeura longtemps comme fasciné, tandis qu'une sueur froide mouillait ses tempes et que son cœur battait dans sa poitrine *à la faire éclater*.

trickle

as if to make it burst

Une *foule* de pensées et d'images bizarres et horribles l'obsédaient, et une voix intérieure lui criait à chaque instant: «Dans une heure, on saura tout, et c'est ta faute!»... Il se dit enfin:

a swarm

— Si nous quittions ce maudit hôtel avant la découverte de ce qui s'est passé dans la chambre à côté, peut-être pourrions-nous *faire perdre nos traces*. Personne ne nous connaît ici; on ne m'a vu qu'en lunettes bleues; on ne l'a vue que sous son voile. Nous sommes à deux pas d'une station, et en une heure nous serions bien loin de N***.

to cover our tracks

Puis, comme il avait longuement étudié *l'Indicateur* pour organiser son expédition, il se rappela qu'un train passait à huit heures allant à Paris. Bientôt après, on serait perdu dans l'immensité de cette ville où se cachent tant de coupables. Qui pourrait y découvrir deux innocents? Mais n'entrerait-on pas chez l'Anglais avant huit heures? Toute la question était là.

railroad timetable

Léon fit un effort désespéré pour secouer la torpeur qui s'était *emparée de lui* depuis si longtemps; mais, au premier mouvement qu'il fit, sa jeune compagne se réveilla et l'embrassa. Au contact de sa joue glacée, elle *laissa échapper* un petit cri:

had gripped him

gave out

— Qu'avez-vous? lui dit-elle avec inquiétude. Votre front est froid comme un marbre.

— Ce n'est rien, répondit-il d'une voix mal assurée. J'ai entendu un bruit dans la chambre à côté...

Il *se dégagea* de ses bras et d'abord *écarta* la mule bleue et plaça un fauteuil devant la porte de communication, de manière à cacher à son amie l'affreux liquide qui, ayant cessé de s'étendre, formait maintenant une tâche assez large sur le

se libéra/moved to one side

parquet. Puis il *entrouvrit* la porte qui donnait sur le corridor — ouvrit un peu
et écouta avec attention: il osa même s'approcher de la porte
de l'Anglais. Elle était fermée. Il y avait déjà quelque mouvement dans l'hôtel. Le jour *se levait*. Les *valets d'écurie pan-* — commençait
saient les chevaux dans la cour, et, du second étage, un officier — stableboys were grooming
descendait les escaliers en faisant *résonner* ses éperons... — jangling

Léon rentra dans la chambre bleue, et, avec tous les
ménagements que l'amour peut inventer, *à grands renforts* — considerate attention/
de circonlocutions et d'euphémismes, il exposa à son amie la — with the extra help of
situation où il se trouvait.

Inutile de dire *l'effroi* causé par cette communication, — peur
les larmes qui la suivirent, les propositions *insensées* qui furent — folles
mises en avant; que de fois les deux infortunés se jetèrent dans
les bras l'un de l'autre, en se disant: «Pardonne-moi! pardonne-
moi!» Chacun se croyait le plus coupable. Ils se promirent de
mourir ensemble, car la jeune femme ne doutait pas que la
justice ne les trouvât coupables du meurtre de l'Anglais, et,
comme ils n'étaient pas sûrs qu'on leur permît de s'embrasser
encore sur *l'échafaud*, ils s'embrassèrent *à s'étouffer*, s'arrosant — scaffold/to the point of choking
à l'envi de leurs larmes. Enfin, après avoir dit bien des ab- — each other/vying in sprinkling
surdités et bien des mots tendres et *déchirants*, ils reconnu- — each other
rent, au milieu de mille baisers, que le plan médité par Léon, — heart-rending
c'est-à-dire le départ par le train de huit heures était en réalité
le seul praticable et le meilleur à suivre. Mais restaient encore
deux mortelles heures à passer. A chaque pas dans le corridor,
ils *frémissaient* de tous leurs membres. Chaque *craquement* — tremblaient/creaking
de bottes leur annonçait l'entrée du procureur impérial.

Leur petit *paquet* fut fait *en un clin d'œil*. La jeune — packing/in a jiffy
femme voulait brûler dans la cheminée la mule bleue; mais
Léon la ramassa, et après l'avoir essuyée à *la descente de lit*, — bedside rug
la baisa et la mit dans sa poche. Il fut surpris de trouver qu'elle
sentait la vanille; son amie avait pour parfum le *bouquet* de — scent
l'impératrice Eugénie.

Déjà tout le monde était réveillé dans l'hôtel. On en-
tendait des garçons qui riaient, des servantes qui chantaient,
des soldats qui brossaient les *habits* des officiers. Sept heures — jackets
venaient de sonner. Léon voulut obliger son amie à prendre
une tasse de café au lait, mais elle déclara que *sa gorge était*
si serrée, qu'elle mourrait si elle essayait de boire quelque — she had such a lump in her
chose. — throat

Léon, *muni* de ses lunettes bleues, descendit pour payer — equipped with
sa note. L'hôte lui demanda pardon, pardon du bruit qu'on
avait fait, et qu'il ne pouvait encore s'expliquer, car MM. les
officiers étaient toujours si tranquilles! Léon l'assura qu'il
n'avait rien entendu et qu'il avait parfaitement dormi.

— Par exemple, votre voisin de l'autre côté, continua

l'hôte, n'a pas dû vous incommoder. Il ne fait pas beaucoup de bruit, celui-là. Je parie qu'il dort encore *sur les deux oreilles*.   *soundly*

Léon s'appuya fortement au comptoir pour ne pas tomber, et la jeune femme, qui *avait voulu* le suivre, se cramponna à son bras, en serrant son voile devant ses yeux.   *had insisted on*

— C'est un milord, poursuivit l'hôte impitoyable. Il lui faut toujours du meilleur. Ah! c'est un homme bien comme il faut! Mais tous les Anglais ne sont pas comme lui. Il y en avait un ici qui est un *pingre*. Il trouve tout trop cher,   *penny-pincher* l'appartement, le dîner. Il voulut me *compter* son billet pour   *payer* cent vingt-cinq francs, un billet de la banque d'Angleterre de cinq livres sterling... *Pourvu encore qu'il soit bon!*... Tenez,   *I only hope it's genuine!* monsieur, vous devez vous y connaître, car je vous ai entendu parler anglais avec madame... Est-il bon?

En parlant ainsi, il lui présentait une banknote de cinq livres sterling. Sur un des *angles*, il y avait une petite tache   *corners* rouge que Léon s'expliqua aussitôt.

— Je le crois fort bon, dit-il d'une voix *étranglée*.   *choking*

— Oh! vous avez bien le temps, reprit l'hôte; le train ne passe qu'à huit heures, et il est toujours en retard. — Veuillez donc vous asseoir, madame; vous semblez fatiguée...

En ce moment, une grosse servante entra.

— Vite de l'eau chaude, dit-elle, pour le thé de milord! Apportez aussi une *éponge*! Il a cassé sa bouteille et toute sa   *sponge* chambre est *inondée*.   *flooded*

A ces mots, Léon se laissa tomber sur une chaise; sa compagne en fit de même. Une forte envie de rire les prit tous les deux, et ils eurent quelque *peine* à ne pas éclater. La jeune   *trouble* femme lui serra joyeusement la main.

— *Décidément*, dit Léon à l'hôte, nous ne partirons que   *after all* par le train de deux heures. Faites-nous un bon déjeuner pour midi.

MOTS-CLES

se réveiller en sursaut *to wake up with a start*
s'efforcer de *to make an effort to; to try to*
le pas *footstep*
selon *according to*
la haine *hatred*
haïr *to hate*
loger *to lodge, spend the night*

avoir la mine *to have the looks of*
assassiner *to murder*
le parquet *wood floor*
la traînée *trail, trickle*
semblable *similar*
mince *thin, slender*
le sang *blood*
la conduite *behavior*

le témoin; être témoin de *witness; to be a witness of*
bouger *to move, to stir*
la sueur *sweat*
mouiller *to wet*

la tache *stain, spot*
le meurtre *murder*
le baiser *kiss*
comme il faut *proper, respectable*
éclater de rire *to burst out laughing*

EXPRESSIONS UTILES

Je meurs de sommeil. *I'm dying of sleepiness.*
Ce n'est rien. *It's nothing.*
Que de fois... *How many times . . .*
Je parie que... *I'll bet that . . .*
Vous avez bien le temps. *You have plenty of time.*
Vous devez vous y connaître. *You must know about these matters.*

COMPREHENSION DU TEXTE

1. Qu'arrive-t-il vers le milieu de la nuit aux deux occupants de la chambre bleue et pourquoi?
2. Pourquoi la jeune femme ne se réveille-t-elle pas?
3. Pourquoi Léon est-il inquiet? Qu'est-ce qui lui revient en mémoire? Pourquoi soupçonne-t-il le neveu de l'Anglais et de quoi le soupçonne-t-il?
4. Qu'est-ce que Léon remarque sur le parquet et qu'en pense-t-il?
5. Quelle est la réaction de Léon? En quoi peut-on le blâmer?
6. Quelle pensée l'empêche de réveiller le personnel de l'hôtel?
7. Dans quel état est-il? Quelle décision prend-il finalement?
8. Qu'est-ce Léon essaye de faire pour ne pas effrayer son amie? Que doit-il pourtant lui dire? Pourquoi la scène entre les pauvres amoureux est-elle amusante?
9. Quelles remarques fait le patron de l'auberge le matin et quel effet produisent-elles sur Léon et son amie?
10. Que s'est-il passé, en fait, dans la chambre de l'Anglais et quelle est la réaction des deux jeunes gens?

COMPREHENSION GENERALE

1. Comment Mérimée prolonge-t-il le suspense? Trouvez dans le texte entier les mots ou les passages destinés à faire appel à notre imagination ou à notre sympathie.
2. Pourquoi, à votre avis, Léon a-t-il imaginé un épisode aussi dramatique en voyant la traînée de liquide?
3. Quels sont les éléments qui font que cette histoire pourrait se passer à notre époque? Quels sont ceux qui permettent de la situer dans le passé?
4. Quels aspects de la personnalité de Mérimée apparaissent dans cette nouvelle?

PRATIQUE DE LA LANGUE

1. En employant les expressions **se réveiller en sursaut**, **le pas**, **loger**, **la tache**, **le sang**, **se douter**, **selon moi**, **assassiner**, **la conduite**, **haïr**, imaginez le rapport que Léon aurait pu faire à la police.

2. Vous avez vu un meurtre et vous pensez que l'assassin vous connaît et vous cherche. Décrivez vos sentiments et votre anxiété. Vous pouvez employer les mots **le témoin**, **s'efforcer de**, **la sueur**, **être mouillé**, **semblable**, **bouger**.

3. Léon et son amie sont pressés de partir mais un hussard ivre s'efforce de les retenir à l'auberge. Quelles *Expressions utiles* pourraient-ils employer dans leur dialogue absurde?

4. Qu'est-ce qui vous fait mourir de rire? d'ennui? de peur?

5. Parmi les personnes ou les héros que vous connaissez, qui a la mine d'un détective? d'un(e) amoureux (amoureuse)? d'un meurtrier? d'un(e) original(e)? d'un homme (d'une femme) d'affaires? d'un poète?

6. Seriez-vous bon(ne) détective? Testez votre aptitude en introduisant vos intuitions par "je parie que" et découvrez certains faits de la vie de vos camarades.

Married at the age of twenty, Colette began writing under the name of her husband Willy, a fashionable writer and columnist much older than herself. With his encouragement she started her Claudine books, the very first of which, Claudine à l'école, scored an instant success. It told in fairly spicy terms the story of an adolescent girl's first encounters with love and sex. When her marriage broke up in 1906, the spirited Colette launched a dual career as writer and music-hall dancer.

During the years that followed — she lived and wrote until the age of eighty-one — Colette became one of the great women writers of French literature and one of its most captivating stylists. Her shimmering yet subtle prose confers poetic charm on all her works: novels, short stories, and the rich memoirs of her exceptional life. Her instinctive understanding of the human heart, to which her friends have testified, made many of her works penetrating portraits of particular types of human beings. Best known to the American public, Gigi is only one among many striking heroines created by Colette.

Born and raised in Burgundy, Colette never turned away from her rural background. She had a passion for plants and animals, a deep knowledge of flowers, insects, and birds.

Gabrielle Sidonie Colette

(1873–1954)

BELLES-DE-JOUR

La belle-de-jour est le nom d'une fleur (*the morning glory*) mais, dans cette nouvelle, Colette l'applique à un type de femme. Chaque matin, en effet, ces femmes renouvellent un petit miracle en entrant dans notre monde, telles que les créent les couturiers (*fashion designers*), aussi fraîches, mystérieuses et belles que si elle venaient de se détacher des pages d'un magazine de mode (*fashion*).

Avec Colette, nous entrons dans le monde fragile de ces femmes mais aussi de leurs compagnons. La lucidité pénétrante de l'auteur nous fait percevoir l'esprit de conquête qui anime aussi bien le mâle que la femelle. Tout en créant, autour de ce petit drame, un climat intime et léger, elle nous laisse deviner l'éternel malentendu qui sépare les sexes et qui ne trouve finalement dans l'acte de chair (*flesh*) qu'une solution temporaire.

La *guêpe* mangeait la *gelée de groseilles* de la tarte. Elle *wasp/currant jelly* y mettait une hâte méthodique et gloutonne, la tête en bas, les pattes engluées, à demi disparue dans une petite *cuve* rose *vat* aux *parois* transparentes. Je m'étonnais de ne pas la voir enfler, *walls* grossir, devenir ronde comme une *araignée*… Et mon amie *spider* n'arrivait pas, mon amie si gourmande, qui vient goûter *as-sidûment* chez moi, parce que *je choie ses petites manies*, *regularly/I indulge* parce que je l'écoute bavarder, parce que je ne suis jamais de *her little whims* son avis… Avec moi elle se repose; elle me dit volontiers, sur un ton de gratitude, que je ne suis guère coquette, et *je n'épluche point* son chapeau ni sa robe, d'un œil agressif et *I do not find fault with* féminin… Elle se tait, quand on dit du mal de moi chez ses

autres amies, elle va jusqu'à s'écrier: «Mes enfants, Colette est *toquée*, c'est possible, mais elle n'est pas si *rosse* que vous la faites!» Enfin elle m'aime bien.

    Je ressens, à la contempler, ce plaisir *apitoyé* et ironique qui est une des formes de l'amitié. On n'a jamais vu une femme plus blonde, ni plus blanche, ni plus habillée, ni plus coiffée! La nuance de ses cheveux, de ses vrais cheveux, hésite délicatement entre l'argent et l'or, il fallut faire venir de *Suède* la *chevelure annelée* d'une fillette de six ans, quand mon amie désira les «*chichis*» *réglementaires* qu'exigent nos chapeaux. Sous cette couronne d'un métal si rare, le teint de mon amie, *pour ne point en jaunir, s'avive de* poudre rose, et les cils, brunis à la brosse, protègent un regard mobile, un regard gris, *ambré*, peut-être aussi *marron*, un regard qui sait se poser, *câlin* et *quémandeur*, sur des *prunelles* masculines, câlines et quémandeuses.

crazy/mean, catty

sympathetic

Sweden
ringlets of hair
fake side curls prescribed

so as not to turn yellow,
  is brightened by
amber/chestnut
cajoling/entreating/eyes
  (pupils of —)

Telle est mon amie, dont j'aurai dit tout ce que je sais, si j'ajoute qu'elle se nomme Valentine avec quelque crânerie, par ce temps de brefs *diminutifs* où les petits noms des femmes, — Tote, Moute, Loche, — ont des sonorités de *hoquet mal retenu*...

«Elle a oublié», pensais-je patiemment. La guêpe, endormie ou morte de congestion, *s'enlisait*, la tête en bas, dans la cuve de *délices*... J'allais rouvrir mon livre, quand *le timbre grelotta*, et mon amie parut. *D'une volte* elle enroula à ses jambes sa jupe trop longue et *s'abattit* près de moi, l'*ombrelle* en travers des genoux, geste savant d'actrice, de mannequin, presque d'*équilibriste*, que mon amie réussit si parfaitement chaque fois...

— *Voilà une heure pour goûter! Qu'est-ce que vous avez pu faire?*

— Mais rien, ma chère! Vous êtes étonnante, vous qui vivez entre votre chien votre chatte et votre livre! vous croyez que Lelong[1] me réussira *des amours de robes* sans que je les essaie?

— Allons... mangez et taisez-vous. Ça? c'est pas sale, c'est une guêpe. Figurez-vous qu'elle a *creusé* toute seule ce petit *puits*! Je l'ai regardée, elle a mangé tout ça en vingt-cinq minutes.

— Comment, vous l'avez regardée? Quelle dégoûtante créature vous êtes, tout de même! Non, merci, je n'ai pas faim. Non, pas de thé non plus.

— Alors je sonne, pour les toasts?

— Si c'est pour moi, pas la peine... Je n'ai pas faim, je vous dis.

— Vous avez goûté ailleurs, petite rosse?

— *Parole*, non! *Je suis toute chose*, je ne sais pas ce que j'ai...

Etonnée, je levai les yeux vers le visage de mon amie, que je n'avais pas encore isolé de son chapeau insensé, grand comme une ombrelle, *hérissé* de *plumes*, un chapeau *feu d'artifice*, *grandes eaux* de Versailles, un chapeau pour géante qui aurait couvert jusqu'aux épaules la petite tête de mon amie, sans les fameux chichis blonds-suédois... Les joues poudrées de rose, les lèvres vivres et fardées, les cils *raidis* lui composaient son *frais petit masque* habituel, mais quelque chose, là-dessous, me sembla changé, *éteint*, absent. En haut d'une joue moins *poudrée*, un *sillon* mauve gardait *la nacre, le vernissé* de larmes récentes...

Ce chagrin maquillé, ce chagrin de poupée courageuse

---

[1] Lucien Lelong, Parisian couturier.

nicknames
ill-repressed hiccups

was engulfed
delights
the bell jangled/in a whirling motion
sank down/parasol
acrobat

What a time for tea! What have you been up to?

darling dresses

dug
pit

Upon my word /I feel queer

bristling/feathers
fireworks/waterworks

stiffened
freshly painted face
lackluster
powdered/ridge
the pearly, varnished touch

me remua soudain, et je ne puis me retenir de prendre mon amie par les épaules, dans un mouvement de sollicitude qui n'est *guère de mise* entre nous...

Elle se rejeta en arrière en rougissant sous *son rose*, mais elle n'eut pas le temps de se reprendre et *renifla* en vain son sanglot...

Une minute plus tard, elle pleurait, en essuyant l'intérieur de ses paupières avec la *corne* d'une *serviette* à thé. Elle pleurait avec simplicité, attentive à ne pas *tacher* de larmes sa robe de crêpe de Chine, à ne point défaire sa figure, elle pleurait soigneusement, proprement, petite martyre du maquillage...

— Je ne puis pas vous être utile? lui demandai-je doucement.

Elle fit «non» de la tête, soupira en tremblant, et me *tendit* sa tasse où je versai du thé refroidi...

— Merci, murmura-t-elle, vous êtes bien gentille... Je vous demande pardon, je suis si nerveuse...

— Pauvre gosse! Vous ne voulez rien me dire?

— Oh! *Dieu si*. Ce n'est pas compliqué, *allez*. Il ne m'aime plus.

Il... Son amant! Je n'y avais pas songé. Un amant elle? et quand? et où? et qui? Cet idéal mannequin se dévêtait, l'après-midi, pour un amant? Un tas d'images se levèrent et se couchèrent devant moi, que je *chassai* en m'écriant:

— Il ne vous aime plus? Ce n'est pas possible?

— Oh! si... Une scène terrible... (Elle ouvrit *sa glace d'or*, se poudra, essuya ses cils d'un doigt humide.) Une scène terrible, hier...

— Jaloux?

— Lui, jaloux? Je serais trop contente! Il est méchant... Il me reproche des choses... Je n'y peux rien, pourtant!

Elle *bouda*, le menton doublé sur son haut col:[1]

— Enfin, je vous fais juge! Un garçon délicieux, et nous n'avions jamais eu *un nuage* en six mois, pas un *accroc*, pas ça!... Il était quelquefois nerveux, mais chez un artiste...

— Ah! il est artiste?

— Peintre, ma chère. Et peintre de grand talent. Si je pouvais vous le nommer, vous seriez bien surprise. Il a chez lui vingt *sanguines* d'après moi, en chapeau, sans chapeau, dans toutes mes robes! C'est *d'un enlevé, d'un vaporeux*... Les mouvements des jupes sont des merveilles...

Elle s'animait, un peu *défaite*, les ailes de son nez mince brillantes de larmes essuyées et d'un commencement de *cou-*

---

moved me

hardly the style

her rose-colored makeup
sniffled

horn/napkin (rolled up)
to stain

handed

Heavens, yes./believe me

dispelled

golden compact

brooded

hitch/snag

drawings in red chalk
done with such brio/so ethereal

ruffled

---

[1]Stiff high collar worn in the beginning of the century

perose légère... Ses cils avaient perdu leur *colle noire*, ses lèvres leur carmin... Sous le grand chapeau *seyant* et ridicule, sous les chichis *postiches*, je découvrais pour la première fois une femme, pas très jolie, pas laide non plus, fade si l'on veut, mais touchante, sincère et triste...

Ses paupières rougirent brusquement.

— Et... qu'est-ce qui est arrivé? risquai-je.

— Ce qui est arrivé? Mais rien! On peut dire rien, ma chère! Hier, il m'a accueillie d'un air drôle... un air de médecin... Et puis tout d'un coup aimable: «Ote ton chapeau, chérie!» me dit-il. «Je te garde... pour dîner, dis? je te garde toute la vie si tu veux!» C'était ce chapeau-ci, justement, et vous savez que c'est une affaire terrible pour l'installer et le *retirer*...

Je ne savais pas, mais je *hochai* la tête, *pénétrée*...

— ...*Je fais un peu la mine*. Il insiste, je commence à enlever mes *épingles* et un de mes chichis reste pris dans la barrette du chapeau, là, *tenez*... Ça m'était bien égal, on sait que j'ai des cheveux, n'est-ce pas, et lui mieux que personne! C'est pourtant lui qui a rougi, en se cachant. Moi, j'ai replanté mon chichi, comme une fleur, et j'ai embrassé mon ami à grands bras autour du cou, et je lui *ai chuchoté* que mon mari était au *circuit* de Dieppe, et que... vous comprenez! Il ne disait rien. Et puis il a jeté sa cigarette et ça a commencé. *Il m'en a dit!* Il m'en a dit!...

A chaque exclamation, elle frappait ses genoux de ses mains ouvertes, d'un geste *peuple* et découragé, comme *ma femme de chambre* quand elle me raconte que son mari l'a encore battue.

— Il m'a dit des choses incroyables, ma chère! Il se retenait d'abord, et puis il s'est mis à marcher en parlant... «*Je ne demande pas mieux*, chère amie, *que* de passer la nuit avec vous... (*ce toupet!*) mais je veux.. je veux ce que vous devez me donner, ce que vous ne pouvez pas me donner!...»

— Quoi donc, *Seigneur*?

— Attendez, vous allez voir.. «Je veux la femme que vous êtes en ce moment, la gracieuse longue petite fée couronnée d'un or si léger et si abondant que sa chevelure *mousse* jusqu'aux sourcils. Je veux ce teint de fruit *mûri en serre*, et ces cils paradoxaux, et toute cette beauté *école anglaise*! Je vous veux, telle que vous voilà, et non pas telle que la nuit cynique vous donnera à moi! Car vous viendrez, — je m'en souviens! — vous viendrez conjugale et tendre, sans couronne et sans *frisure*, avec vos cheveux *épargnés par le fer*, tout plats, *tordus en nattes*. Vous viendrez petite, sans *talons*, vos cils *déveloutés*, votre poudre lavée, vous viendrez désarmée

blotched skin   *mascara*
becoming
false

to remove
nodded   with an earnest look
I sulk a little
hairpins
see?

whispered
racetrack

The things he told me!

plebeian
chambermaid

I'd be only too glad to
what gall!

My Lord!

bubbles
hothouse-ripened
English school (of portrait painting)

curlings
spared by the curling iron
braided/heels
stripped of their velvety appearance

et sûre de vous, et je resterai stupéfait devant cette autre femme!...

«Mais vous le saviez pourtant, criait-il, vous le saviez! La femme que j'ai désirée, vous, telle que vous voilà, n'a presque rien de commun avec cette sœur *simplette* [artless] et pauvre qui sort de votre *cabinet de toilette* [dressing room] chaque soir! De quel droit changez-vous la femme que j'aime? Si vous vous souciez de mon amour, comment osez-vous *défleurir* [strip bare] ce que j'aime?...»

Il en a dit, il en a dit!... Je ne bougeais pas, je le regardais, j'avais froid... Je n'ai pas pleuré, vous savez! Pas devant lui.

—C'était très sage, mon enfant, et très courageux.

—Très courageux, répéta-t-elle en baissant la tête. Dès que j'ai pu bouger, j'ai filé... J'ai entendu encore des choses terribles sur les femmes, sur toutes les femmes; sur l'«*inconscience* [unconsciousness/careless] prodigieuse des femmes, leur *imprévoyant* orgueil, leur orgueil de brutes qui pensent toujours, au fond, que ce sera assez bon pour l'homme...» Qu'est-ce que vous auriez répondu, vous?

— Rien.

Rien, c'est vrai. Que dire ? Je ne suis pas loin de penser comme lui, lui, l'homme grossier et *poussé à bout* [driven to extremes]... Il a presque raison. «C'est toujours assez bon pour l'homme!» Elles sont sans excuse. Elles ont donné à l'homme toutes les raisons de fuir, de tromper, de haïr, de changer... Depuis que le monde existe, elles ont *infligé* [inflicted] à l'homme, sous les *courtines* [bed-curtains], une créature inférieure à celle qu'il désirait. Elles le volent avec *effronterie* [impudence], en ce temps où les cheveux *de renfort* [extra], les corsets truqués, font du moindre *laideron* [plain Jane] piquant une «petite femme épatante».

J'écoute parler mes autres amies, je les regarde, et je demeure, pour elles, confuse... Lily, la charmante, ce page aux cheveux courts et *frisés* [frizzy], impose à ses amants, dès la première nuit, la nudité de son *crâne bossué d'escargots* [scalp bumpy with snails] marron, l'escargot gras et *immonde* [repulsive] du *bigoudi* [curler]! Clarisse préserve son teint, pendant son sommeil, par *une couche* [a coat(ing)] de crème aux *concombres* [cucumber], et Annie relève *à la chinoise* [in Chinese fashion] tous ses cheveux attachés par un ruban! Suzanne *enduit* [smears on] son cou délicat de lanoline et l'*emmaillotte* [swaddles] de vieux linge usé... Minna ne s'endort jamais sans sa *mentonnière* [chin supporter], destinée à retarder l'*empâtement* [thickening] des joues et du menton, et elle *se colle* [sticks on] sur chaque tempe une étoile en paraffine...

Quand je m'indigne, Suzanne lève épaules et dit:

«Penses-tu que je vais m'abîmer la peau pour un homme? Je n'ai pas de *peau de rechange* [spare skin]. S'il n'aime pas la lanoline, qu'il s'en aille. Je ne force personne.» Et Lily déclare, impétueuse: «D'abord, je ne suis pas laide avec mes bigoudis!

Ça fait petite fille frisée pour une *distribution des prix*!» Minna   *graduation day*
répond à son «ami», quand il proteste contre la mentonnière:
«Mon chéri, t'es *bassin*. Tu es pourtant assez content, *aux*   *boring (obsolete slang)*
courses, quand on dit derrière toi: «Cette Minna, elle a tou-   *at the races*
jours *son ovale de vierge*!» Et Jeannine, qui porte la nuit une   *the oval-shaped face of a*
ceinture amaigrissante! Et Marguerite qui... non, celle-là je   *virgin*
ne peux pas l'écrire!...   *reducing belt*

    Ma petite amie, enlaidie et triste, m'écoutait obscuré-
ment penser, et devina que je ne la plaignais pas assez. Elle
se leva:

    — C'est tout ce que vous me dites?

    — Mon pauvre petit, que voulez-vous que je vous dise?
Je crois que rien n'est cassé, et que votre peintre d'amant
grattera demain à votre porte, peut-être ce soir...   *will come scratching*

    — Peut-être qu'il aura téléphoné? Il n'est pas méchant
au fond... il est un peu toqué, c'est *une crise*, n'est-ce pas?   *a fit*

    Elle était debout déjà, tout éclairée d'espoir.

    Je dis «oui» chaque fois, pleine de bonne volonté et du
désir de la satisfaire... Et je la regardai filer sur le trottoir, de
son pas raccourci par les hauts talons... Peut-être, en effet,   *her stride shortened by her*
l'aime-t-il... Et s'il l'aime, l'heure reviendra où, malgré tous   *high heels*
les *apprêts* et les fraudes, elle redeviendra pour lui, *l'ombre*   *trappings*
aidant, la faunesse aux cheveux libres, la nymphe aux pieds   *thanks to the dimmed lights*
intacts, la belle esclave aux flancs sans *plis*, nue comme l'amour   *folds*
même...

MOTS-CLES

intime *intimate*	la poupée *doll*
deviner *to guess, surmise, intuit*	le sourcil *eyebrow*
gourmand *greedy, fond of sweet things*	le cil *eyelash*
se reposer *to rest*	la paupière *eyelid*
coquette; la coquette *fashion conscious; flirt*	laid *ugly*
dire du mal de quelqu'un *to speak ill of*	fade *bland, insipid*
someone	accueillir *to greet, welcome*
habillé *dressed up*	ôter *to remove, take off*
coiffé *groomed*	cynique *cynical*
le geste *gesture, hand motion*	se sourcier de *to worry about*
le mannequin *fashion model*	grossier, grossière *rude*
essayer (un vêtement) *to try on, have a*	tromper *to fool, betray*
fitting	truqué *fake, rigged*
dégoûtant *disgusting*	voler *to rob*
fardé *made up*	confus *embarrassed, confusing*
le maquillage *makeup*	épatant *smashing*
la joue *cheek*	l'esclave (m, f) *slave*

EXPRESSIONS UTILES

mes enfants *my dears*
Je ne sais pas ce que j'ai. *I don't know what's wrong with me.*
Pauvre gosse! *Poor kid!*
Je n'y peux rien. *I can't help it.*
Ça m'était bien égal. *I could not have cared less.*
Je demeure confus(e). *I'm still embarrassed.*
C'est toujours bon pour... *It's good enough for...*

EXCLAMATIONS

Allons! *Come on!*
Tenez. *Look.*
Justement. *Precisely.*
Comment? *What?*
Enfin... *Well...*

COMPREHENSION DU TEXTE

1. Comment est ingénieusement créé le climat chaud et intime favorable aux confidences? Quel adjectif convient à la guêpe et à l'amie?
2. Pourquoi l'amie vient-elle assidûment chez Colette?
3. Quelle différence y-a-t-il entre les deux amies? Comment voyons-nous qu'elles sont bonnes amies? Pourquoi l'amie doit-elle parfois prendre la défense de Colette?
4. Comment Valentine ressemble-t-elle à un mannequin? Pourquoi est-elle en retard?
5. Comparez les réactions de Valentine et de Colette devant la guêpe?
6. Comment apparaît, à première vue, le visage de Valentine? Qu'est-ce qu'on remarque quand on l'observe de plus près?
7. Pourquoi Valentine a-t-elle du chagrin? Vous semble-t-elle fière de son amant? Pourquoi?
8. Qu'est-ce que Colette découvre pour la première fois?
9. Expliquez brièvement la scène entre les deux amants et citez deux ou trois «choses incroyables» que le peintre a dit.
10. Pourquoi le peintre trouve-t-il la «nuit cynique»? Que voudrait-il de Valentine? Quel reproche moral adresse-t-il aux femmes, en général?
11. Colette approuve-t-elle les manières du peintre? Comment voyez-vous qu'elle ne trouve pas beaucoup d'excuses aux femmes qui perpétuent le mythe de la «femme objet»?
12. Montrez comment Lily, Clarisse, Mina, Suzanne sont plutôt des «belles de jour» que des «belles de nuit»?
13. Qu'est-ce que l'espoir fait dire à Valentine? Colette, à votre avis, partage-t-elle son optimisme? Si les amants résolvent leur conflit, comment l'homme verra-t-il la femme qu'il aime?

COMPREHENSION GENERALE

1. Comment voyez-vous que Colette est une observatrice attentive mais bénévole (*benevolent*) aussi bien des insectes que des humains?

2. Justifiez les expressions *martyre du maquillage* et *poupée courageuse* à propos de Valentine. Pensez-vous que l'expression *femme objet* s'applique aussi? Pourquoi?
3. «L'orgueil de brutes» n'est-il pas plutôt attribué aux mâles? Pourquoi le peintre ici l'attribue-t-il aux femmes?
4. Donnez un exemple du style descriptif de Colette. Comment sait-elle aussi animer son récit par des petites scènes de théâtre?

PRATIQUE DE LA LANGUE

1. En vous servant des *Mots-clés* faites un portrait de Valentine que le peintre pourrait faire à un ami. Parlez de son caractère (**gourmande, coquette, cynique,** etc.), et de son apparence (**mannequin, poupée, fardée,** etc.).
2. En employant les expressions **pauvre gosse, il (elle) m'en a dit, je n'y peux rien, être confus(e), c'est toujours bon, un malentendu** et les *Exclamations*, composez un dialogue entre ami(e)s: l'un (e) est triste et finit par avouer qu'il (elle) a eu une scène avec son(sa) petit(e) ami(e).
3. Les magazines de mode, présentent souvent les photos d'une même femme «avant» et «après». Composez une réclame: comment devenir une «petite femme épatante». Comment améliorer **le teint, les joues, les cils, les paupières,** etc.?
4. Preparez un sondage sur la mode et la jeunesse. Les jeunes filles d'aujourd'hui se soucient-elles de mode et de maquillage? Quelle est l'attitude des garçons à cet égard? La coquetterie (*stylishness of appearance*) vous gêne-t-elle chez les femmes? Et chez les hommes? Pourquoi? Que pensez-vous de la mode «unisex»? Quels sont ses avantages et ses défauts?

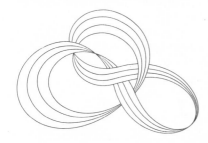

CONTROLE DU VOCABULARIE

I. En vous servant des Mots-clés de ce chapitre, dites d'une autre façon:

1. L'eau de la piscine est _____ (ni chaude ni froide).
2. Voulez-vous bien passer le livre à votre _____ (la personne à côté de vous)?
3. Le commissaire Maigret _____ (soupçonnait) que le pharmacien avait empoisonné sa femme.
4. La police a interrogé les _____ (spectateurs) de l'accident.
5. Je ne vois pas ce qu'il admire chez cette fille; moi, je la trouve _____ (sans caractère).
6. Pierre a enfin compris que sa petite amie le _____ (ne lui était pas fidèle) et il l'a quittée.
7. L'assassin n'ira pas loin; la police le _____ (lui donne la chasse) dans tous les états.

8. Le coupable avait voulu _____ (avoir sa revanche) de celui qui l'avait dénoncé à la police.
9. Quand j'étais à Paris, _____ (j'avais une chambre) au Quartier Latin.
10. La plaisanterie était si drôle que j'ai _____ (commencé) de rire dans le métro.

II. Dans vos réponses aux questions, employez un terme opposé au mot souligné.

1. Les chapeaux en 1900 étaient-ils commodes?
2. Subrac était-il courageux?
3. La traînée de sang était-elle épaisse?
4. Y a-t-il de l'amour dans son regard?
5. Les hussards étaient-ils sobres?
6. Avez-vous allumé la lampe du salon?

III. Dans vos réponses aux questions, employez un terme équivalent au terme souligné.

1. Cet homme qui jure tout le temps ne le trouvez-vous pas cru?
2. Ces jumeaux (twins) sont-ils vraiment pareils?
3. Avez-vous été terrifié par ce film d'horreur?
4. Subrac était-il déshabillé quand le mari est entré?
5. Quand vous étiez petit(e), étiez-vous un enfant comme il faut?
6. L'amant de Valentine n'est-il pas sans considération pour l'être humain qu'elle est?

IV. Quelle question vous paraît recevoir logiquement les réponses suivantes?

1. Elle ne s'en fiche pas mal!
2. Vous avez bien le temps.
3. Ça m'est bien égal!
4. Il ne faut pas s'en étonner.

5. Je ne sais pas ce que j'ai.
6. Qu'importe!

a. Suis-je en retard pour mon train?
b. Savez-vous qu'elle dit du mal de vous?
c. Cette jolie fille est devenue mannequin?
d. N'avez-vous pas peur d'être traitée de gourmande en mangeant tous ces gâteaux?
e. Se soucie-t-elle de son maquillage?
f. Vous ne paraissez pas bien; qu'avez-vous?

V. Parmi les mots suggérés lesquels choisiriez-vous pour faire le portrait (a) d'un espion? (b) d'une coquette? (c) d'un joyeux original?

Lunettes noires, l'amant, menaçant, dissimuler, coiffé(e), le bon sens, la conduite, faire semblant, incroyable, cynique, dégoûtant(e), fardé(e), truqué, épatant, les moeurs, esclave, enjoué(e), être confus(e), imprévu(e), le malentendu, le mystère

ACTIVITES D'ENSEMBLE

1. Qu'est-ce qu'une féministe moderne penserait des femmes de l'époque de *Belles-de-Jour*? Inventez un dialogue mettant en scène Valentine et une féministe qui veut la convertir à sa cause.
2. Etes-vous un(e) original(e) ou un(e) mystificateur (mystificatrice)? Sinon, vous en connaissez sans doute. Décrivez leur conduite. En quoi consiste leur originalité, leur(s) mystification(s) ou leurs tours (*pranks*)? Est-ce qu'ils vous amusent, vous ennuient ou vous agacent?
3. Racontez (en B.D. si vous voulez) les aventures d'un nouveau super-héros

«l'Homme-Caméléon» (*Chameleon Man*) qui a le même don que Subrac et qui met ses pouvoirs au service de la justice.

4. Faites un reportage sur la disparition d'un auteur célèbre qui aimait beaucoup les mystifications.

5. Samuel Johnson a écrit, selon Mérimée, que «nul homme ne peut dire: aujourd'hui je serai heureux». Appliquez cette maxime au récit d'une journée qui a commencé sous d'heureux auspices et qui ne se termine pas aussi bien qu'on l'avait cru.

6. Composez le rapport qu'un détective écrit à un client qui lui a demandé de surveiller (*shadow*) sa femme qu'il soupçonne de le tromper. Cette femme est une coquette du même type que Valentine.

7. Essayez-vous à composer un pastiche (*imitation*) moderne d'une des histoires de ce chapitre.

SIXIEME PARTIE
L'ART DE LA PAROLE

Winston Churchill called him a "fascinating and maddening man." Still a controversial figure a decade after his death, in his lifetime Charles De Gaulle was an eternal rebel to some and a pompous authority figure to others. Friends and foes agree, however, that he was a consummate politician and a charismatic leader who helped restore France's pride and self-confidence in the years following World War Two.

When France collapsed before the Nazi onslaught in 1940, De Gaulle's organizing of the French Resistance in London turned this obscure two-star general into a national hero. After briefly leading France's postwar government, he resigned from power in 1946, confident that he would soon be recalled. In fact it was not until 1958 that France, divided over the issue of Algerian independence and verging on civil war, again turned to her aging "man of destiny." Under a tailor-made constitution he inaugurated a presidential form of government, and survived the plots and assassination attempts of diehard supporters of l'Algérie française. His eleven-year rule was bolstered by popular support, periodically confirmed through referendums. Shaken by the student worker revolt of May 1968, he chose to resign in 1969 after one of his programs had been voted down by the electorate.

De Gaulle also earned fame as an author and public speaker. During his involuntary retirement from politics, he wrote scintillating memoirs of his wartime activities. His flair for dramatic expression combined with classic terseness to enable him, time and again, to come up with memorable phrases such as the one he coined after the fall of France in 1940: "La France a perdu une bataille; elle n'a pas perdu la guerre."

Charles de Gaulle

(1890–1970)

L'APPEL DU DIX-HUIT JUIN

Depuis le début de la campagne de France, De Gaulle s'est battu courageusement à la tête d'une unité de chars (*tanks*) français. Au début de juin 1940, le gouvernement passe sous la direction du Maréchal Pétain qui cesse de résister aux troupes allemandes et négocie un armistice. De Gaulle, avec d'autres Français qui refusent d'accepter la défaite, se réfugie à Londres où il se joindra aux troupes alliées.

Le 18 juin, au moment où les Français apprennent officiellement l'occupation de leur pays par l'Allemagne, De Gaulle prononce à la radio de Londres son célèbre appel à la résistance.

Les chefs qui, depuis de nombreuses années, sont à la tête des armées françaises, ont formé un gouvernement.

Ce gouvernement, *alléguant* la défaite de nos armées,   *alleging* s'est mis en rapport avec l'ennemi pour cesser le combat.

Certes, nous avons été, nous sommes, submergés par   certainement la force mécanique, terrestre et aérienne, de l'ennemi.

Infiniment plus que leur nombre, ce sont les chars, les avions, la tactique des Allemands qui nous font reculer. Ce sont les chars, les avions, la tactique des Allemands qui ont surpris nos chefs au point de les amener là où ils en sont aujourd'hui.

Mais le dernier mot est-il dit? L'espérance doit-elle disparaître? La défaite est-elle définitive? Non!

Croyez-moi, moi qui vous parle en connaissance de cause et vous dis que rien n'est perdu pour la France. Les mêmes moyens qui nous ont vaincus peuvent faire venir un jour la victoire.

Car la France n'est pas seule! Elle n'est pas seule! Elle n'est pas seule! Elle a un vaste Empire derrière elle. Elle peut faire bloc avec l'Empire britannique qui tient la mer et continue la lutte. Elle peut comme l'Angleterre, utiliser sans limites l'immense industrie des Etats-Unis.

Cette guerre n'est pas limitée au territoire malheureux de notre pays. Cette guerre n'est pas *tranchée* par la bataille de France. Cette guerre est une guerre mondiale. Toutes les fautes, tous les retards, toutes les souffrances, n'empêchent pas qu'il y a, dans l'univers, tous les moyens nécessaires pour écraser un jour nos ennemis. *Foudroyés* aujourd'hui par la force mécanique, nous pourrons vaincre dans l'avenir par une force mécanique supérieure. Le destin du monde est là.

settled once and for all

struck down

Moi, Géneral de Gaulle, actuellement à Londres, j'invite les officiers et les soldats français qui se trouvent en territoire britannique ou qui viendraient à s'y trouver, avec leurs armes ou sans leurs armes, j'invite les ingénieurs et les ouvriers spécialistes des industries d'armement qui se trouvent en territoire britannique ou qui viendraient à s'y trouver, à se mettre en rapport avec moi.

Quoi qu'il arrive, la flamme de la résistance française ne doit pas s'éteindre et ne s'éteindra pas.

Demain, comme aujourd'hui, je parlerai à la Radio de Londres.

MOTS-CLES

l'appel (m) *call, appeal*
la guerre *war*
la campagne *campaign*
être à la tête de *to head, to lead*
résister (à) *to resist*
se rendre *to surrender*
la défaite *defeat*
se battre *to fight*
se mettre en rapport avec *to get in touch with*
reculer *to fall back, to retreat*
avancer *to move forward*
amener *to bring*

l'espérance (f) *hope*
la victoire *victory*
vaincre (quelqu'un) *to defeat (someone)*
faire bloc avec *to unite with, to link up*
la lutte *struggle*
la bataille *battle*
mondial *world (-wide)*
l'officier (m) *officer*
le soldat *soldier*
l'ouvrier (m), l'ouvrière (f) *blue-collar worker*
l'ingénieur (m) *engineer*

EXPRESSIONS UTILES

Je vous parle en connaissance de cause. *I'm speaking to you with full knowledge of the situation. I know what I'm talking about.*
quoi qu'il arrive *whatever happens (may happen)*

COMPREHENSION DU TEXTE

1. Qu'est-ce qui a annoncé au peuple français que la résistance à l'occupation allemande allait commencer?
2. Pourquoi est-ce de Londres que De Gaulle annonce cette nouvelle? Pourquoi n'est-ce pas le gouvernement français qui l'annonce?
3. Qu'est-ce que De Gaulle reproche au gouvernement français?
4. Comment explique-t-il la défaite française?
5. Après avoir expliqué la situation, que va-t-il essayer d'éveiller?
6. Comment démontre-t-il que la France n'est pas seule?
7. A quels Français fait-il particulièrement appel, et dans quel but?
8. Par quelle image termine-t-il son discours?

COMPREHENSION GENERALE

1. Etant donné les circonstances, qu'y a-t-il d'émouvant dans ce discours?
2. En quoi le discours de De Gaulle est-il prophétique quand il parle des Etats-Unis?
3. Comment voyons-nous, dans cet appel, que De Gaulle parle déjà comme un chef de gouvernement, alors qu'il n'est encore qu'un général presqu'inconnu?
4. De Gaulle avait un style oratoire (*rhetorical*) si caractéristique qu'il était facile de le parodier. Ainsi il employait souvent trois termes de sens très proche, mais aussi le «je», le «moi» et des expressions comme «je vous dis que…» Trouvez-vous des exemples de ce style dans l'*Appel*? Faites de ce texte une lecture expressive qui les mettra en évidence.

PRATIQUE DE LA LANGUE

1. En employant les mots **envahir** (*to invade*), **se battre**, **l'officier**, **le soldat**, **se rendre**, **la bataille**, **reculer**, **la victoire**, etc. composez un bulletin de nouvelles diffusé par un "speaker" français au début de la guerre.
2. Quelques jeunes Français(es) décident de joindre la Résistance. Qu'est-ce qui les encourage dans le discours du Général? Animez leur conversation.
3. Un reporter interroge De Gaulle après son arrivée à Londres. Il lui demande pourquoi il est là, quelle est la situation de la France et quels sont ses plans. Donnez les réponses de De Gaulle dans le style du général.

Charles de Gaulle

(1890–1970)

VIVE LE QUEBEC LIBRE!

Une intervention particulièrement controversée du Général De Gaulle a eu lieu à Montréal en 1967.

Ancienne colonie française, le Québec a été perdu par la France en 1763, après défaite de Montcalm devant le général anglais Wolf. Pourtant, le Québec a maintenu des traditions françaises et particulièrement la langue[1]. Dans les années soixante, des mouvements séparatistes ont commencé à se manifester, réclamant, en particulier qu'on reconnaisse le français comme langue officielle de la province—ce qui est le cas aujourd'hui.

Emporté par l'enthousiasme de la foule québecoise, De Gaulle improvise les deux dernières lignes de son discours, provoquant une émotion intense dans les milieux politiques. Les Séparatistes sont enchantés mais le premier ministre proteste et De Gaulle met brusquement fin à sa visite canadienne.

---

[1]Sur une population actuelle de 22.000.000 d'habitants, 6.000.000 sont francophones au Canada.

ALLOCUTION PRONONCEE AU BALCON DE L'HOTEL DE VILLE DE MONTREAL, LE 24 JUILLET, 1967.

C'est une immense émotion qui remplit mon cœur en voyant devant moi la ville française de Montréal. Au nom du vieux pays, au nom de la France, je vous salue de tout mon cœur. Je vais vous confier un secret que vous ne répéterez pas. Ce jour ici, et tout le long de ma route, je me trouvais dans une atmosphère du même genre que celle de la Libération. *Outre cela* j'ai constaté quel immense effort de progrès, de développement, et par conséquent *d'affranchissement* vous accomplissez ici et c'est à Montréal qu'il faut que je le dise, parce que, s'il y a au monde une ville exemplaire par ses

besides

emancipation

réussites modernes, c'est la vôtre. Je dis c'est la vôtre et je me permets d'ajouter c'est la nôtre.

Si vous saviez quelle confiance la France, réveillée après d'immenses épreuves, porte vers vous, si vous saviez quelle affection elle recommence à ressentir pour les Français du Canada et si vous saviez à quel point elle se sent obligée à *concourir à* votre marche en avant, à votre progrès! C'est *cooperate with* pourquoi elle a conclu avec le Gouvernement du Québec, avec celui de mon ami Johnson, des accords, pour que les Français *de part et d'autre* de l'Atlantique travaillent ensemble à une *from either side* même œuvre française. Et, d'ailleurs *le concours* que la *assistance* France va, tous les jours un peu plus, prêter ici, elle sait bien que vous le lui rendrez, parce que vous êtes en train de vous constituer des élites, des usines, des entreprises, des laboratoires, qui feront l'étonnement de tous et qui, un jour, j'en suis sûr, vous permettront d'aider la France.

Voilà ce que je suis venu vous dire ce soir en ajoutant que j'emporte de cette *réunion inouïe* de Montréal un souvenir *extraordinary gathering* inoubliable. La France entière sait, voit, entend, ce qui se passe ici et je puis vous dire qu'elle *en vaudra mieux.* *will be the better for it*

Vive Montréal! Vive le Québec! Vive le Québec libre!
Vive le Canada français et vive la France!

MOTS-CLES

réclamer; réclamer un droit *to demand; to claim a right*
provoquer *to arouse, incite*
emporté par *carried away by*
la foule *crowd*
le discours *speech*
remplir *to fill*
constater *to observe, to ascertain*

la confiance *confidence*
l'épreuve (f) *hardship, trial, ordeal*
le progrès *progress*
prêter *to lend*
rendre *to give back, to return*
l'entreprise (f) *business concern, endeavor*
le souvenir *memory*

EXPRESSIONS UTILES

au nom de *in the name of*
de tout mon cœur *with all my heart*
je me permets *allow me* (lit., *I allow myself*)
Vive...! *Long live...!*

COMPREHENSION DU TEXTE

1. De Gaulle parle-t-il aux Québécois en son nom personnel ou comme représentant de la France? Pourquoi?
2. Selon De Gaulle, qu'est-ce que la France représente pour les Canadiens français?
3. Comment De Gaulle donne-t-il un ton très personnel à son discours? Quels souvenirs évoque-t-il?
4. Quelle est sa vision des rapports entre le Québec et la France d'après-guerre?
5. Comment De Gaulle suggère-t-il que la France et le Québec forment un seul peuple?
6. Pour quelle mission officielle est-il venu à Montréal?
7. Comment envisage-t-il (*view*) la solidarité présente et future entre les deux pays?
8. Qu'est-ce qui montre que la réception de Montréal a touché De Gaulle?

COMPREHENSION GENERALE

1. Pourquoi ce discours a-t-il été controversé? Pourquoi pouvait-il choquer? Comment pouvait-il plaire?
2. En quoi le discours du Québec paraît-il plus improvisé que l'Appel du 18 Juin?
3. Quelles sont les expressions ou les formules qui, dans ces deux discours, révèlent que De Gaulle se voyait toujours dans le rôle d'un chef?

PRATIQUE DE LA LANGUE

1. Le soir du discours de Montréal, trois personnes discutent de l'intervention du Président De Gaulle. Quelles seront les opinions (a) d'un(e) jeune séparatiste québécois(e)? (b) d'un(e) Français(e) qui avait vu De Gaulle le jour de la Libération de Paris? (c) d'un(e) Canadien(ne) anglophone qui parle aussi français? (d) d'un(e) touriste des Etats-Unis qui se trouve à Montreal?
2. Louis XV, roi de France en 1763, ne voyait dans le Canada que «quelques arpents (*acres*) de neige» qui ne valaient pas la peine d'être défendus. Imaginez quel appel Montcalm aurait pu envoyer au roi pour réclamer de l'aide et provoquer la résistance du Québec. Incluez dans ce discours imaginaire les expressions: **au nom de**, **je me permets**, **faire bloc avec**, **les épreuves**, **prêter**, **réclamer le droit**, **rendre**, **le souvenir**, **vive…!**
3. Vous voulez devenir président de votre classe ou réformer certaines choses qui ne marchent pas dans votre école ou votre université. Préparez un discours qui éveillera de l'enthousiame pour votre cause et ne craignez pas d'être controversé. Vous pouvez employer les expressions **Je vous parle en connaissance de cause**, **de tout mon cœur**, **constater**, **réclamer le droit**, **la confiance**, **l'entreprise**, **la lutte**, **emporter**, etc.

With books that regularly made the best-seller list, several novels adapted for the screen, and a stirring play that has been performed around the world (Il est minuit, Dr. Schweizer), Gilbert Cesbron remains one of the most popular writers in France today. He is widely read among the young because of his sensitivity to the problems of childhood and adolescence, and to controversial social and political issues. An impassioned writer, he knew how to instill life into his characters, even when they were clearly spokesmen for his own ideas.

Life brought Gilbert Cesbron in contact with segments of society that he later used and described accurately in his books. Born to a family of physicians—his father worked with Madame Curie—he was trained as a lawyer, but finally became a radio producer and headed a major commercial radio station. In this last post, Gilbert Cesbron served as general secretary for the Catholic Relief Organization.

In Il est plus tard que tu ne penses, Cesbron lent his restless energy to the discussion of euthanasia. Written in 1958, this novel deals with the stark reality of cancer. It was a courageous stand because in Europe, cancer was at that time a hushed-up matter. Based on an authentic, well-documented case, this story of a cancer patient and her family culminates in a trial. In this climactic courtroom excerpt from the novel, the ethical dilemma of euthanasia is vividly depicted within a context of human anguish.

Gilbert Cesbron

(1913–1979)

IL EST PLUS TARD QUE TU NE PENSES

Jean Cormier, un héros de la Résistance pendant la Seconde Guerre Mondiale, a épousé Jeanne, une femme jeune et jolie dont il est très amoureux. Le couple est très heureux jusqu'au moment où la santé de Jeanne leur donne des alarmes. Quand on découvre que Jeanne a un cancer, il est déjà trop tard. La jeune femme est opérée mais, au bout de deux ans, après d'atroces souffrances, Jeanne est à l'agonie. Elle est soignée à la maison par son mari et une infirmière (*nurse*). Le docteur ne peut plus que lui prescrire de la morphine. Un soir, Jeanne implore son mari des mains et des yeux (car elle ne peut plus parler) de lui administrer une dose plus forte de morphine. Jean sait que la dose sera mortelle, mais il n'a plus le courage de voir souffrir celle qu'il aime.

Deux mois après la mort de Jeanne, las de porter ce secret sur sa conscience, Jean se livre (*surrenders*) à la police. Accusé de meurtre, Jean est traduit en Cour d'Assises (*tried in criminal court*). Son ami Bernard s'occupe de sa défense et le procès de Jean Cormier, suivi de près par toute la presse, devient en fait le procès de l'euthanasie. En face des trois juges qui président les Assises et du jury, le procureur (*prosecutor*), que l'on appelle aussi l'avocat général, démontre par une argumentation sévère que l'acte d'euthanasie ne doit pas être considéré autrement qu'un meurtre. Après lui, Bernard, l'avocat de la défense, présentera une autre interprétation de ce grave problème moral.

REQUISITOIRE (SUMMATION) DU PROCUREUR

— Monsieur le Président[1], messieurs de la Cour, messieurs les Jurés. A Jaffa[2], l'empereur Napoléon demande au médecin Desgenettes d'empoisonner les *pestiférés*. Celui-ci lui répond: «Mon devoir n'est point de tuer mais de conserver...»

— Comment écris-tu «Dagelette»? *souffla* l'un des journalistes à son voisin.

— ...Imaginons qu'il ait cédé aux *instances* de son souverain: il aurait créé un précédent spectaculaire. Ce médecin aurait, de plus, trahi la constante *ligne de conduite de son Ordre*. Le *serment d'Hippocrate* n'affirme-t-il pas déjà: «Je ne donnerai point, *quiconque* m'en prierait, une drogue ni ne prendrai l'initiative d'une telle suggestion...»?

Dès lors, Messieurs, ce que les médecins, au cours des siècles, ne se sont jamais *accordé*, comment *un particulier* pourrait-il *se l'arroger* sans désordre, sans culpabilité —sans crime?(...) A l'autre extrémité, aux antipodes de l'honneur humain, qui trouvons-nous? —Nietzsche, Binding,[3] Hitler enfin. Oui, Messieurs, la voix qui, dès 1880, dénonçait «ces malades pour lesquels il est *inconvenant* de vivre plus longtemps et qui végètent lâchement, ayant perdu le sens de l'avenir»; et cette autre voix qui, en 1920, réclamait «la licence de détruire les vies qui ne valent pas la peine d'être vécues», ont certes été entendues, quelques années plus tard, par celui qui organisa méthodiquement le plus grand massacre de l'histoire... Pardonnez-moi si, *à jamais*, pour moi, le nom détestable de Hitler est lié au mot «euthanasie»! N'alla-t-il pas jusqu'à créer le terme de *Todesgnade*: «grâce de mort»? Messieurs, voilà l'euthanasie...

Il garda longtemps ses bras en croix à l'*issue* de ce discours. Les dessinateurs se penchèrent *sur leur carton* et *fixèrent* son attitude.

— Dès lors, comment nous étonner que le droit à l'euthanasie soit unanimement repoussé par la législation? Par le Congrès américain dès 1906, le Reichstag en 1913 et, en 1936, la Chambre des Lords. En France, poursuivit l'Avocat général, la question ne s'est même pas posée devant nos Assemblées. L'article 295 du Code Pénal identifie au meurtrier «tout auteur volontaire d'un homicide». Nous vivons, Messieurs, sous le *régime* du respect absolu de la vie humaine...

plague victims

whispered

requests

ethical guideline of his profession
Hippocratic oath
n'importe qui

consequently
granted / a private individual
claim it for himself

unseemly

forever

end
over their pads
caught (sketched)

principle

[1]The senior or presiding judge.
[2]A Syrian city captured by Napoleon during his Egyptian campaign in 1799.
[3]A German philosopher (1844–1900) and a novelist (1867–1938) whose vision of a superman and a super race influenced the Nazis' ideas.

Palais de Justice de Paris

— Et la peine de mort? murmura un journaliste assez haut pour être entendu. Bernard envia cette réplique.

— ...Notre Code pénal respecte *jusqu'à la seule* espérance de cette vie humaine et *réprime* la propagande anti-conceptionnelle *au même titre que* l'avortement ou le duel. Bien plus! la loi du 25 octobre 1941 *créant le délit* de non-assistance aux personnes en péril inculpe ceux qui ne sont coupables que d'avoir laissé mourir leur *semblable* alors qu'ils pouvaient l'empêcher. Où, Messieurs, je vous le demande — où, dans ce système légal et juridique, pourrait se glisser la moindre justification, la moindre excuse à l'euthanasie?

Il y eut quelques *remous* parmi le public. Jean baissa la tête. «Ils sont tous contre moi, se dit-il de nouveau: je suis seul, seul...» —et il en ressentait une sorte de fierté.

— Et comme l'on comprend cette coalition de la Morale, de la Religion et de la Loi lorsqu'on envisage les conséquences dramatiques qu'*entraînerait* pour la Société comme pour la Famille l'autorisation de l'euthanasie!(...) Ah! dans une telle Société, *je ne donnerais pas cher de* la vie du paralytique, du dément, du dégénéré, de l'enfant anormal mais né *viable*, ni même de l'aveugle et du sourd-muet. Car, enfin, pourquoi

even the very
punishes
on the same grounds as
establishing the crime

fellow human being

reactions

would entail

I would not put high odds on
capable of living

une Société ayant atteint cet *abîme* *(abyss)* de lâcheté *s'embarrasserait-elle* *(bother itself)* du moindre poids mort?... Société?— Non, Messieurs: «*haras* humain» *(breeding farm)* serait mieux dire! Et comme on a eu raison de dire que l'euthanasie légale ne serait qu'un monstrueux pacte avec l'*Enfer* *(Hell)*! Quelle confiance pourrions-nous conserver en nos médecins: en ces médecins qui auraient permission de tuer et confondraient vite leur pouvoir sur le corps du malade avec le droit de disposer de la vie d'*autrui* *(des autres)*? On se ferait tuer par son médecin! On se suiciderait pour lui échapper! Messieurs, n'êtes-vous pas, comme moi, horrifiés à l'évocation de cette Société vers laquelle on voudrait —*à la faveur de* *(under cover of)* procès comme celui-ci— nous *acheminer* *(lead us)*?

Bernard, qui *classait* *(was filing)* dans son dossier des papiers de différentes couleurs, leva la tête et observa les réactions des journalistes. Les Jurés, bons élèves, *ne quittaient pas des yeux* *(kept their eyes riveted on)* l'Avocat général. Celui-ci regarda sa montre, prit un temps et poursuivit:

— Je sais bien... Je sais bien quelles excuses invoquent les partisans de l'euthanasie. Je ne les passerai pas sous silence—la Justice n'est point partisane.

La Justice, c'était lui. Il avait, en prononçant ces mots, posé sa main près de son cœur qui, chez les *hommes de robe* *(members of the legal profession)*, se cache sous de larges décorations: le ruban de la légion d'honneur[1], sur sa robe rouge, comme une tache de sang plus ancienne.

— Et, bien sûr, pareille à *l'otage* *(hostage)* qu'une troupe pousse lâchement devant elle pour se protéger, voici la Pitié... Et nous serions tentés, Messieurs, de paraphraser la parole célèbre: «Pitié, que de crimes on commet en ton nom!»[2] Il s'agit d'épargner à autrui des souffrances «insupportables». Mais... (il se tourna vers l'accusé) quiconque prétend épargner la souffrance aux autres ne *vise-t-il* *(cherche-t-il)* pas, au fond, à éviter à son égoïsme un spectacle incommode?

— Mais l'amour? dit Jean d'une voix à peine perceptible.

— Chut! fit le garde.

— Pourtant, me direz-vous, tout n'est-il pas changé, tout ne se trouve-t-il pas justifié lorsque la victime (car je m'obstine à l'appeler ainsi!) lorsque la victime est consentante? Je réponds: Non, Messieurs, trois fois non! D'abord parce que ce *prétendu* *(alleged)* consentement est presque toujours *le fruit* *(le résultat)* d'une pression de l'*entourage* *(ceux qui entourent la victime)*. Et cet entourage est déjà coupable: coupable d'abolir chez l'être qu'il prétend aimer le plus puis-

---

[1]Légion d'honneur: France's most prestigious order of merit, the sign of which is a red ribbon.
[2]In its original version the phrase runs: "Liberté, que de crimes..." It was spoken by Mme Roland, who was guillotined in the French Revolution.

sant des instincts, l'instinct de *conservation*, en le persuadant que l'*anéantissement* est préférable à la douleur. Ensuite, qui garantit que ce consentement, *extorqué au plus fort* d'une crise, persiste à l'instant suprême, à l'instant du meurtre? *J'atteste du contraire* un médecin de New York, le docteur Goldwater, qui avoua avoir «oublié» des *comprimés* de morphine sur la table de *chevet* de malades condamnés (non sans les avoir avertis des effets mortels de cette drogue). Or jamais, vous m'entendez bien, jamais aucun patient n'en absorba! Dès lors, Messieurs, quels arguments les partisans de ce «suicide *secondé*» peuvent-ils invoquer? L'incurabilité, peut-être? Eh oui, voilà le grand mot *lâché*: le malade était «incurable»... Mais ce mot, Messieurs, qui a le droit de le prononcer?(...) Et si demain, Monsieur... (Il se tourna vers Jean, tendit dans sa direction une manche agitée d'un tremblement tragique.) Et si DEMAIN on trouve enfin le remède contre le cancer, ne serez-vous pas, jusqu'à la fin de vos jours, obsédé d'avoir, de vos mains, *tranché* une vie que d'autres mains pouvaient sauver?

«Non, pensa Jean fermement (car, cette insupportable pensée, il l'avait affrontée déjà bien des nuits): Jeanne serait morte depuis longtemps. Ce *type* fait de l'éloquence; il n'a jamais eu mal...»

— L'euthanasie, Messieurs? C'est la négation même du progrès scientifique qui, chaque jour, découvre un nouveau remède ou un nouveau calmant. Demain peut-être, oui, demain, le calmant absolu qui laissera au malade toute sa lucidité en abolissant toute douleur. Mais voici autre chose (et qui paraîtra plus grave à certains): l'euthanasie, c'est aussi la négation du miracle. Je n'en dis pas plus et laisse à vos consciences le soin d'en mesurer la *portée* sacrilège(...)

Messieurs, j'en ai assez dit. Tout à l'heure, vous prononcerez un verdict en votre âme et conscience. L'intention de donner la mort n'est pas douteuse; le *mobile* peut vous sembler honorable. Il n'en reste pas moins que le crime est *légalement constitué* et que notre système *répressif* n'accorde aucune importance aux mobiles. Il ne prévoit que deux justifications à l'homicide: l'ordre de la loi et la légitime *défense*. Nous sommes donc en présence d'un meurtre et d'un meurtre prémédité. En vous demandant une peine de *travaux forcés* pour l'accusé Cormier, j'ai conscience de protéger la Société toute entière. Ecoutez plutôt! En 1925, Madame Uniska, coupable d'euthanasie, est acquittée: moins de huit jours après ce verdict, un drame semblable éclat à Asnières... *Pesez* donc vos responsabilités, Messieurs! Prenez garde que, sous le couvert de la Compassion, l'*Intérêt*, la Jalousie, l'Impatience ne

self-preservation
annihilation
extorted at the climax

I take as my witness to the contrary
tablets
bedside

assisted
prononcé

severed

guy

implication

motive

legally established / of criminal justice
self-defense

hard labor

weigh

self-interest

tuent! Pensez à l'insupportable suspicion qu'un verdict trop indulgent *sèmerait* dans des centaines de milliers de familles. *would sow*
On voudrait, ici même, à la faveur de ce procès, créer un précédent: en appeler, par-dessus vos têtes, à l'opinion publique et forcer la main aux législateurs. Vous *déjouerez ce* *will not fall into that trap*
piège, Messieurs, et fidèles aux plus hautes traditions de la
Morale, vous refuserez de suivre les *voies* périlleuses d'un *chemins*
siècle qui confond le Bien et le Mal avec le Plaisir et la Douleur;
d'un siècle qui professe que la recherche à tout prix du bonheur
est la *fin dernière* de l'homme, pour lequel ce bonheur *ultimate goal*
s'identifie avec le plaisir...

L'Avocat général se rassit, consulta sa montre et mani-
festa par un léger *sourcillement* qu'il avait parlé plus longtemps *raising of his eyebrows*
qu'il ne l'avait prévu.

MOTS-CLES

le procès *trial*	confondre *to confuse*
le juré *juror*	l'égoïsme (m) *selfishness*
empoisonner *to poison*	puissant *powerful*
céder à *to yield, to give in*	épargner *to spare*
repousser *to reject*	la douleur *pain*
le droit *right; the Law*	douloureux, douloureuse *painful*
lié à *linked to*	avertir *to warn*
lier *to bind*	insupportable *unbearable*
la peine de mort *death penalty*	le consentement *consent*
l'avortement (m) *abortion*	consentir à *to consent, assent*
inculper *to indict*	trouver le remède contre *to find a cure for*
atteindre *to reach*	le calmant *sedative*
le partisan, la partisane *follower, supporter*	être acquitté *to be acquitted*
la morale *morality, ethics*	le bien et le mal *good and evil*

EXPRESSIONS UTILES

Il est inconvenant de... *It is improper to . . .*
Lorsqu'on envisage les conséquences... *When you consider the consequences. . .*
Je (ne) passerai (pas) sous silence... *I shall (not) pass over . . .*
Chut! *Shhh!*
en votre âme et conscience *in your heart of hearts*
prenez garde *beware*
Il n'en reste pas moins vrai que... *It's no less true that . . .*

COMPREHENSION DU TEXTE

1. A qui s'adresse l'Avocat général en commençant son réquisitoire?
2. Quel est le précédent spectaculaire qui aurait pu être créé à l'époque de Napoléon? Racontez comment les choses se sont passées.
3. Expliquez en termes simples la partie du Serment d'Hippocrate rapportée par le procureur.
4. Quels sont les personnages dont les noms sont liés au mot «d'euthanasie»? Quelles étaient leurs théories et comment ont-elles été mises en pratique?
5. Pourquoi le procureur parle-t-il des lois étrangères? Quelle est la position de la législation française sur ce sujet?
6. Qu'est-ce que Bernard envie, et pourquoi?
7. Comment l'Avocat général démontre-t-il que les lois françaises respectent vraiment la vie humaine?
8. Les arguments du procureur affectent-ils le public? De quelle façon? Quelle est l'impression de Jean à ce sujet?
9. Qu'est-ce qui s'oppose à l'euthanasie? Pourquoi, selon le procureur, ne peut-on donner aux médecins l'autorisation de pratiquer l'euthanasie?
10. Qu'est-ce que l'Avocat général accuse Bernard et Jean de vouloir provoquer?
11. Quelles excuses invoque-t-on souvent pour justifier l'euthanasie?
12. Pourquoi ne peut-on se fier au consentement du malade pour pratiquer l'euthanasie? Comment le procureur démontre-t-il son point de vue à ce sujet?
13. Pourquoi l'Avocat général parle-t-il de «progrès scientifique»? et de «sacrilège»?
14. Pourquoi estime-t-il qu'il faut condamner Jean?
15. Comment le procureur montre-t-il, dans sa conclusion, qu'il est opposé aux valeurs du monde moderne?
16. Pourquoi le procureur peut-il affirmer que l'acte de Jean est, légalement, un crime prémédité?

COMPREHENSION GENERALE

1. Quels arguments du procureur vous paraîssent les plus solides? Quelle est votre réaction personnelle à ses arguments?
2. Comment Gilbert Cesbron anime-t-il cette scène de tribunal? Quels détails ou actions rendent la scène vivante?
3. Dans quels passages voyez-vous que le procureur «fait de l'éloquence»?

PRATIQUE DE LA LANGUE

1. Un général devant un nombre de soldats à demi-morts et incurables demande au médecin militaire de mettre fin à leurs douleurs. Le médecin fera-t-il comme Desgenettes? Dans votre dialogue employez les termes **céder à, insupportable, il n'en reste pas moins vrai que..., empoisonner, épargner, en mon âme et conscience, confondre, il est inconvenant, prenez garde** et **avertir.**

2. Un malade dans le coma depuis deux ans, est maintenu en vie dans un hôpital par des appareils (*devices*) scientifiques. Sa famille réclame l'interruption du traitement qui le maintient artificiellement en vie. En invoquant **le droit**, **la science et la morale** et en vous basant sur les *Mots-clés*, composez l'argumentation d'un juge qui s'oppose à cette requête.

PLAIDOIRIE DE LA DEFENSE

— La parole est à la Défense.

Bernard se leva.

— Monsieur le Président, messieurs de la Cour, messieurs les Jurés, Mirabeau[1], agonisant dans d'insupportables douleurs, réclame par gestes de quoi écrire. Il trace sur le papier ce mot: «Dormir...» et, dans un dernier effort, *le tend à* Cabanis,[2] son médecin. Celui-ci ne comprend que trop bien, mais refuse. Deux fois, trois fois, Mirabeau renouvelle sa demande. Vaincu par tant de volonté mêlée à tant de souffrance, Cabanis, le grand Cabanis, lui administre l'opium... Messieurs, si j'oppose ainsi Cabanis à Desgenettes et Mirabeau aux pestiférés de Jaffa, c'est pour marquer, dès le début, mon désir de répondre point par point, en pleine lumière, à M. l'Avocat général; de refermer toutes les portes qu'il vient d'ouvrir avec un talent et une érudition si remarquables, afin de pouvoir enfin replacer ce débat sur le seul terrain *qui lui convienne*: celui de l'homme— l'homme en face de la douleur.

> *hands it to*

> *that befits it*

Car enfin, Messieurs, vous n'êtes ni juristes, ni historiens, ni moralistes; ou, du moins, ce n'est pas *en tant que tels* que la Justice vous appelle à son secours et que son jugement *s'efface* devant le vôtre. Vous êtes hommes, avec un cœur et un bon sens d'homme: c'est à ceux-ci que je ferai appel...

> *in any of those qualities*
> *stands aside*

Mais d'abord, à l'exemple de M. l'Avocat général, parlons Législation, parlons *Jurisprudence*. (...)

> *precedents*

Dès 1906, l'euthanasie légale est votée par le parlement de l'Ohio en ce qui concerne les incurables; puis par celui d'Iowa. Il est vrai que le Congrès *a cassé* ces décisions; mais la Cour Suprême devait, vingt ans plus tard, reconnaître pour légale la stérilisation d'individus profondément *tarés*. Cette incertitude se retrouve d'un code à l'autre: en Suisse, en Allemagne, en Espagne, on ne prévoit que des peines d'emprisonnement; le Code pénal italien réduit les peines en raison du consentement de la victime; l'Uruguay admet que

> *set aside*

> *impaired*

[1]Leader of the moderates at the start of the French Revolution.
[2]Famous French physician and philosopher (1757–1808)

le meurtrier puisse être *relaxé* lorsqu'il a agi «pour des raisons *(libéré)* de pitié». Quant au Code *d'U.R.S.S.*, il libère de toute peine *(la Russie)* «l'acte homicide commis par pitié et compassion *à la demande* *(request)* de la victime».

Chez nous, il est vrai, la Loi demeure insensible à ces considérations; mais *le fossé* qui *se creuse* entre le Code et *(gap/opens)* la Jurisprudence n'est-il pas significatif? M. l'Avocat général nous a imprudemment cité *l'arrêt* Uniska (1925); mais, en 1929, *(decision)* Richard Corbett, coupable —si l'on peut employer ce terme— d'avoir *achevé* sa mère, inguérissable, qui hurlait de douleur *(put out of her misery)* depuis une semaine, a été acquitté, lui aussi(...)

«Le crime est légalement constitué», affirmait tout à l'heure M. l'Avocat général. Légalement constitué? Serait-il donc possible qu'il existe un tel *abîme* entre la Loi et le bon *(rift)* sens? Car enfin, qu'est-ce qu'un crime, Messieurs? —Un acte *dommageable*, commis contre la volonté de la victime et dans *(injurious)* l'intention de lui *nuire*. Or, qu'observons-nous ici? (Sa main, *(faire mal)* largement *étalée* sur son cœur montrait sa bonne foi.) —Le *(spread out)* contraire, en tous points! La volonté de soulager et non celle de nuire; un dommage qui ne retombe que sur l'auteur de l'acte; et le consentement —bien plus! la demande expresse de celle que je n'appelle pas, moi, la victime mais plutôt la «bénéficiaire» de l'euthanasie(...) Nous refusons, Messieurs, nos consciences se refusent à *assimiler* l'euthanasie à un *(liken)* meurtre et cet homme-ci à un assassin...

Oui, nous *récusons* les articles du Code qu'invoquait *(take exception to)* *tantot* M. l'Avocat général; et j'irai plus loin: je réclame ici *(a little while ago)* l'application de l'article 328: «Il n'y a ni crime *ni délit* lorsque *(nor felony)* l'homicide, les blessures et les coups étaient commandés par la nécessité *actuelle* de la légitime défense de soi-même ou *(present)* d'autrui». *Je soutiens* que, dans la nuit du 17 au 18 décembre, *(maintain)* Jean Cormier a eu la certitude de défendre autrui, de défendre contre une souffrance insoutenable, contre une mort inhumaine, l'être qu'il aimait le plus au monde...

Bernard s'arrêta, sortit son mouchoir et s'essuya le front comme si lui-même ressentait une insupportable douleur. Sur les bancs des avocats, on échangeait des *clins d'œil* et des demi- *(winks)* sourires: la légitime défense pour justifier l'euthanasie!...

Bernard fit semblant de chercher dans son dossier, en sortit deux *feuillets* blancs et *reprit* avec lassitude: *(sheets/resumed)*
— Des chiffres! Voulez-vous encore des chiffres, Messiers, pour *achever de disloquer* le bel *édifice* d'unanimité *(completely dismantle/façade)* qu'on *dressait* tout à l'heure devant vous? La Société *(set up)* d'Euthanasie de New York compte quinze cents médecins. Une récente pétition en sa faveur a groupé, dans les pays anglo-saxons, les signatures de cinq cents pasteurs et rabbins.

En 1937, une enquête menée par un institut d'opinion publique révélait que cinquante-trois pour cent des médecins
étaient favorables à l'euthanasie. Tous ces gens-là, Messieurs,
sont-ils des criminels? sont-ils des complices? —Allons donc!
ce sont des *hommes de cœur*, comme vous-mêmes, et qui ne *kind-hearted men*
s'en laissent pas *imposer* par ces grandes statues, souvent si *tromper*
creuses, qu'on dresse sur leur chemin: la Science, la Religion,
la Morale, la Loi…—Des mots, Messieurs, des mots! Et nous
leur préférons ceux-ci: Amour, Charité, Bon Sens…

«Qui oserait parler d'incurabilité?» demandiez-vous tout
à l'heure monsieur l'Avocat général. Qui? — Mais lui! (Il se
tourna vers Jean) Lui et des centaines de milliers d'hommes
et de femmes qui, en ce moment même, *veillent* un être cher *are watching over*
et le voient, d'heure en heure, agoniser inexorablement. Ne
demandons pas à la Science de confesser publiquement son
impuissance, mais rappelons-lui que, depuis l'origine de
l'humanité, elle s'est toujours trouvée *en échec* devant au *held in check*
moins un grand *fléau*: la peste,[1] autrefois; la variole, la lèpre, *scourge*
le choléra; aujourd'hui —il baissa la voix— le cancer; et
demain?…

Mais cette souffrance, contre laquelle la Science se révèle
impuissante, la Religion nous commande-t-elle vraiment *d'y*
assister impassibles? (…) L'Eglise ne vous excommunie pas, *to witness it impassively*
monsieur l'Avocat général, lorsque vous réclamez *de sang froid* *froidement*
la tête d'un homme. Elle ne vous excommunierait pas davan-
tage, messieurs les Jurés, si par aberration vous condamniez à
mort celui-ci. Pourquoi stigmatiserait-elle celui qui, par amour,
a épargné mille morts à *son prochain le plus proche?* *that fellow creature nearest to*
his heart

Mais alors, si ce n'est pas au nom de la Science, si ce
n'est pas au nom de la Religion, est-ce au nom de la Morale
que vous condamneriez Jean Cormier?

Le condamner? poursuivit-il lentement —mais je suis
en train de me demander si nous avons seulement le droit de
le juger… Qu'est-ce qu'un jugement, Messieurs? N'est-ce pas
l'acte par lequel chacun d'entre nous, se mettant à la place du
coupable, s'assure qu'il n'aurait pas agi comme lui et lui donne
définitivement tort? Mais ici, lequel d'entre nous, s'il se place
au centre d'un pareil dilemme, peut vraiment répondre de
lui? (…)

Messieurs, parler plus longtemps serait *vous faire injure*: *insulting to you*
votre cœur et votre raison *se sont* deja *prononcés*… On a dit *have reached a decision*
que «la Justice et la Pitié ne passent pas par la même porte»,
poursuivit-il très lentement: cette nuit, en acquittant purement
et simplement Jean Cormier, vous ferez mentir cette parole!»

[1]plague . . . syphilis, leprosy, cholera

Après la voix de Bernard, celle du Président parut glacée lorsqu'il demanda à l'accusé s'il n'avait rien à ajouter. Bernard lui avait inspiré une déclaration, mais Jean ne s'en souciait plus et l'avait oubliée. Il se leva et regarda *tour à tour* les sept   *in turn* inconnus dont dépendait son sort —mais que lui importait? Ce qu'il éprouvait soudain était une immense compassion de ces hommes. Car lui, le survivant, avait touché le fond, *traversé*   *been through* le pire; tandis qu'eux... Une immense compassion pour tous les vivants et ces paroles-ci lui montèrent aux lèvres. (L'instant d'avant, il ne savait pas ce qu'il allait dire.)

— Je souhaite... Oh! répéta-t-il en fermant les yeux, je souhaite de toutes mes forces à chacun de vous de ne jamais connaître ce que j'ai connu ni passer où j'ai dû passer...

Le Président, *interloqué*, attendit encore un instant,   *disconcerted* mais Jean se rassit sans ouvrir les yeux.

— Messieurs les Jurés vont maintenant se retirer pour délibérer sur les questions suivantes:

1. Jean Cormier est-il coupable d'avoir, dans la nuit du 17 au 18 décembre dernier, volontairement commis un meurtre sur la personne de Jeanne Cormier, son épouse?

2. Le meurtre a-t-il été commis avec préméditation?

3. N'y a-t-il pas des circonstances atténuantes en faveur de l'accusé?

MOTS-CLES

le débat *debate*
la question *issue*
mêlé à *mixed with*
dès le début *from the start*
en face de *face to face with, in front of*
le secours *help*
libérer *to free, to exempt*
insensible *insensitive, unfeeling*
le fossé *gap*
à la demande de *at the request*
significatif, significative *significant*
inguérissable *incurable*
commettre *to commit, to perpetrate*
les chiffres (m pl) *figures, data*

le complice *accomplice*
creux, creuse *hollow*
l'impuissance (f) *powerlessness*
impuissant *powerless*
juger *to judge*
se mettre à la place de *to put oneself in (someone else's) place*
le survivant *survivor*
les vivants (m pl) *the living*
donner tort à *to decide against; to find (someone) wrong*
le sort *fate*
les circonstances atténuantes *attenuating circumstances*

EXRESSIONS UTILES

La parole est à... *It's —'s turn to speak; — has the floor*
Parlons (législation, chiffres, etc.) *Let's talk about (legislation, figures, etc.)*
Allons donc! *Come now!*

COMPREHENSION DU TEXTE

1. Racontez l'anecdote historique rapportée (*related*) par l'avocat.
2. Pourquoi Bernard introduit-il son discours de la même façon que l'Avocat général?
3. Montrez que lorsque l'avocat s'adresse aux jurés, il ne leur parle pas comme à des juristes.
4. Décrivez des exemples de législations que Bernard trouve favorables à son point de vue.
5. Comment voit-il, par contre, la loi française? Qu'est-ce qui existe, selon lui, entre la législation et la jurisprudence françaises, et que veut-il dire par là?
6. Reprenez la définition du crime que donne l'avocat de la défense. Comment montre-t-il qu'il y a un fossé significatif entre les termes de la loi et l'acte de Jean?
7. Pourquoi Bernard pense-t-il qu'en conscience on peut réclamer l'application de l'article 328 dans le cas de l'euthanasie?
8. Avez-vous l'impression que l'argumentation de Bernard est audacieuse? Si oui, pourquoi?
9. Quel argument plus positif l'avocat va-t-il utiliser maintenant pour montrer qu'il n'y a pas d'accord unanime sur la question, contrairement à ce que prétend le procureur?
10. Le procureur avait suggéré que la science pouvait triompher des maladies incurables? Quelle est l'opinion de Bernard à ce sujet?
11. Existe-t-il des contradictions dans l'attitude de la religion quand il s'agit de donner la mort? Expliquez-les.
12. Comment Bernard fait-il de la décision des jurés un cas de conscience individuel?

COMPREHENSION GENERALE

1. Bernard a-t-il répondu, point par point, au réquisitoire du procureur? Faites le plan (*outline*) des deux discours et comparez-les.
2. Quelles indications dans le texte suggèrent que la personnalité de Bernard et du procureur sont différentes? Lequel préférez-vous? Pourquoi?
3. Qu'est-ce que les deux avocats disent de la pitié? Qu'en pensez-vous?
4. Relevez des passages dans la plaidoirie de Bernard qui montrent que lui aussi fait de l'éloquence. Que pensez-vous de ses arguments et de son style?
5. Quoique dans le roman Jean Cormier soit acquitté, vous pourriez avoir une autre opinion. Qu'auriez-vous répondu aux trois questions du président? Délibérez avec vos camarades et voyez si votre verdict serait différent.

PRATIQUE DE LA LANGUE

1. Un éducateur plaide pour qu'un film particulièrement violent ne soit pas montré à la télévision. Dans sa demande, employez les mots **faire du tort, réclamer, la morale, partisan, commettre, complice, insensible, agir, insupportable, significatif**.
2. Vous êtes un(e) avocat(e) chargé(e) de la défense d'un criminel, un vrai monstre. Il est accusé de vol, de trafic de drogues, de viol, et de meurtre. Vous êtes quand-même obligé(e) de le défendre. Faites votre plaidoirie au jury en employant les expressions **de tout mon cœur, avoir le droit de juger, dès le début de sa vie, le secours, se mettre à la place de, Amour, Charité, Pitié, grandes statues creuses, le sort, en votre âme et conscience, des circonstances atténuantes**.

3. Pourquoi la question de l'avortement peut-elle (ou ne peut-elle pas) être liée à celle de l'euthanasie? Connaissez-vous des cas où il y a un fossé entre la loi et le bon sens? La peine de mort est-elle un moyen de contrôler la criminalité? Dans le cas d'une catastrophe, quand seul un petit nombre de personnes peuvent être sauvées, faut-il sélectionner les survivants? Organisez un débat sur une de ces questions morales et prenez la parole en vous aidant des formules ci-dessous:

La parole est à vous…
Je trouve que…
Je conçois que…
Je fais appel à…
Je suis pour.
Je ne suis pas d'accord.
Je parle en connaissance de cause.
Je me permets de…
Parlons (chiffres, etc.).
Je passerai sous silence.

Il ne faut pas confondre…
Il n'en reste pas moins vrai que…
Si vous vous imaginez que…
Je parie que…
A propos de…
Au nom de…
Allons donc!
Prenez garde!
Justement!

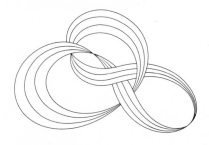

CONTROLE DU VOCABULAIRE

I. Répondez aux questions en employant un terme opposé au mot souligné.

1. Les chars ennemis avancent-ils?
2. Montcalm est-il célèbre pour sa victoire?
3. Qui juge-t-on aux Assises? Les morts?
4. Donnez-vous raison à l'avocat qui fait un héros de ce monstre?
5. Notre armée résiste-t-elle?
6. Ce monstre a-t-il fait beaucoup de bien?

II. Répondez aux questions en employant un terme équivalent au mot souligné.

1. Le docteur croit-il le malade incurable?
2. Pour certains, la morale, la charité, ne sont-ils pas de grands mots vides?
3. Les étudiants ont-ils exigé des changements dans l'organisation des dortoirs (dormitories)?
4. Les hommes sont-ils toujours maîtres de leur destinée?
5. Y avait-il un grand nombre de personnes pour acceuillir le Président?
6. Savez-vous quels horribles crimes il a perpétrés?

III. Pour être éloquent, on emploie souvent trois mots qui ont un sens proche. Pour souligner ainsi une idée, complétez ces phrases par trois mots que vous trouverez dans cette liste: **des problèmes, la guerre, réclamer, froid, faire appel, des épreuves, une campagne, s'adresser, cruel, sauver insensible, aider, des difficultés, soulager.**

1. Hélas! je perds tout courage devant ce regard _____, _____, _____!
2. Camarades! Il est inutile de discuter plus longtemps avec les patrons! C'est au ministre lui-même qu'il faut _____, _____, _____.
3. Grâce à sa persévérance, le savant que nous honorons aujourd'hui a triomphé de toutes les _____, _____, _____.
4. Notre pays n'a pas seulement gagné _____, _____, il a gagné _____.
5. Grâce à votre générosité, Mesdames et Messieurs, nous pourrons _____, _____, _____ des milliers de malades.

IV. Quel *mot-clé* complète le sens de ces phrases?

1. Mon Dieu! Je n'ai plus d'argent. Pourriez-vous me _____ quelques francs pour téléphoner à mes parents?
2. Les armées américaines ont _____ le territoire français en 1944.
3. Voyons! Vous mêlez tous les temps, vous _____ le passé composé et l'imparfait.
4. Si on ne peut pas _____ contre le cancer, peut-être trouvera-t-on un jour un vaccin contre cette terrible maladie.
5. Ce calmant pourrait vous _____ de grandes douleurs.
6. Après avoir été reconnu non coupable, Jean Cormier a été _____.
7. Il existe toujours entre les générations un _____ que seules l'amitié et l'estime peuvent réparer.
8. Savez-vous que la _____ de mort existe toujours en France?

V. Complétez ces définitions:

1. L'_____ est l'attitude qui consiste à ne penser qu'à soi-même.
2. Le _____ est le représentant de l'état dans un procès.
3. Un docteur qui est totalement d'accord avec l'euthanasie est _____ de l'euthanasie.
4. Par définition, un orateur fait des _____.
5. On crie «_____» pour montrer son enthousiasme pour la république, par exemple.
6. Comment définiriez-vous vous-même **un officier? un ouvrier? un procès? les lois? le droit?**

VI. Quelle est la réponse logique (colonne de droite) à ces questions?

1. Le bébé est-il endormi?
2. Peut-on se promener nu?
3. Pourquoi son discours sur la Résistance est-il si intéressant?
4. Puis-je caresser ce tigre?
5. Dois-je relire mon devoir pour la dixième fois?

Il est inconvenant de le faire.
Prenez garde!
Allons donc!
Il parle en connaissance de cause.
Chut!

ACTIVITES D'ENSEMBLE

1. Dans quels moments l'éloquence est-elle importante? Dans quelles circonstances de l'histoire américaine des discours ou des paroles célèbres ont-ils joué un rôle?
2. Présentez à un ami français des orateurs célèbres aux Etats-Unis, avocats, personnalités politiques contemporaines ou anciennes. Quelles sont leurs qualités? Sont-ils controversés? Pourquoi?
3. Avez-vous déjà visité le Canada? Quels sont, à votre avis, les avantages ou les inconvénients d'un pays où l'on parle deux langues? Pour quelles raisons les Canadiens francophones sont-ils attachés à leur langue et même à la France?
4. Un blessé, pour des raisons religieuses, refuse une transfusion de sang. Que doit faire le médecin? Est-ce que le cas est le même s'il s'agit d'un enfant dont les parents sont opposés au traitement? Connaissez-vous d'autres cas qui peuvent être la cause de sérieux débats d'ordre moral?

SEPTIEME PARTIE
LA PAROLE EN LIBERTE: *Argot et français familier*

Baby Foot (1977) tells the adventures of a Jewish boy and his friends during the period following the liberation of Paris in 1944. It is the sequel to an earlier best-selling book, Un Sac de billes, *which recounts Joffo's encounter with Nazi persecution in occupied France, and has been made into a movie. Both books are based on the true story of Joseph Joffo, who now runs a chain of hairdressing salons in Paris, and who narrated his wartime memories into a tape recorder; the material was then edited by a professional writer, but retains the spontaneity of a first-person account. Jo, the street-wise, resourceful hero, emerges as the latest in a rich tradition of unmistakably French* gamins de Paris. *Although their adventures take place in the mid-1940s, Joffo's heroes basically speak the same language as French youth today, which is probably why young French readers especially enjoy these stories.*

It often jolts non-native speakers to discover the gap between the formal French they have learned and the language used by the younger generations (or for that matter, in many recent movies). To refer to that lingo as slang (argot) is misleading. There is, of course, some hard-core argot that remains esoteric or profane; but permeating the language is a mixture of colorful and expressive colloquialisms interspersed with occasional terms of argot.

Claude Duneton, a specialist in modern French, has waged a spirited war against formal French, which he calls «la langue de la marquise»:

«Aujourd'hui, l'argot n'est plus un argot; il est, à la barbe de[1] l'Académie, le langage quotidien de presque tout un chacun: tout le monde bouffe, se balade, bosse, va au pieu, déconne...[2] Puisqu'on n'a jamais demandé ses préférences au peuple avant de lui imposer la langue de la marquise, il se débrouille à côté avec des mots qui lui plaisent parce qu'ils sont courts, imagés, sonores, marrants. L'argot français est sûrement, lui, le plus vivant du monde».[3]

[1] In the face of
[2] mange, se promène, travaille, va au lit, dit des bêtises
[3] «Culbutez la Marquise,» in *Le Nouvel Observateur*, May 8, 1978.

Joseph Joffo
(1934–   )

LES AVENTURES D'UN G.I. A MONTMARTRE
(EXTRAIT DE BABY FOOT)

L'hiver qui suivit la libération en France fut particulièrement froid et pénible. La nourriture était rare et encore rationnée. Seul le marché noir avec les soldats américains était une source de profit et d'abondance.

Jo et ses amis Franck, Zatim, juifs comme lui, et Jeannot, un jeune gitan (*gypsy*), rêvent d'une Amérique merveilleuse, aux couleurs des films technicolor qu'ils voient dans leur cinéma de quartier. Le père de Jo n'est pas revenu des camps de concentration. C'est maintenant le frère aîné, coiffeur comme son père, qui fait vivre la famille. Jo est un garçon débrouillard qui aime jouer les durs (*act tough*) mais c'est, en réalité, un cœur tendre qui se laisse toucher par ceux qui sont solitaires ou vulnérables.

La bande passe la plupart de son temps dans les rues de Montmartre. Comme la nuit tombe vite et qu'il fait froid, ils se retrouvent dans un petit café où ils peuvent jouer à ce billard du pauvre: le baby-foot[1]!

Jeannot se penche, son œil sombre *au niveau* des barres *on the level* de fer qui *empalent* les footballeurs de bois. Ils ont de gros *impale* sourcils noirs et une bouche ronde *peinte au pinceau*. C'est *painted with a brush* drôle, tous ces types qui se ressemblent. Une équipe de onze *frères jumeaux*. *twin brothers*

— Alors, vas-y, *shoote* *kick(soccer)*
— Tchac
But.

Impossible, Jeannot *s'envoie un grand coup* de diabolo *treats himself to a big gulp* menthe[2] et relance une nouvelle balle d'un geste de *seigneur*. *lord*

---

[1]Table-soccer, sort of pinball machine
[2]A mixture of mint syrup and lemonade.

— Jo, y a Franck qui t'appelle, il dit que c'est pressé.

Zut, juste au moment où la chance tourne, juste comme je peux *entrevoir* la victoire, c'est toujours comme ça. C'est un bon copain, Franck, c'est mon lieutenant en quelque sorte et *serviable comme tout*, mais il a l'art d'arriver juste quand il devrait sortir.

— Je viens.

Jeannot se relève.

— Vas-y, je t'attends pour *la suite*.

Evidemment, ça l'arrange. Il a le temps de se *ressaisir*. Un gros malin, le tzigane,[1] il n'aime pas perdre. J'espère que ça lui servira dans la vie.

C'est un bon bistrot ici, toujours du monde et toujours de la joie. Depuis quelques mois, des clients nouveaux s'installent sur les *banquettes*. Ils sont très maigres encore et leur cou flotte dans leur col de chemise trop *lâche*. Leurs yeux suivent par les fenêtres le dessin des nuages au dessus des toits avec un étonnement permanent. Ceux-là sont revenus. Ils ont retrouvé le café *d'autrefois*. Je les connais presque tous. Ils viennent au salon,[2] parlent avec mes frères et eux seuls savent ce qu'ils ont vécu ces dernières années. Parmi eux, Moshé m'a pris en affection. Il m'a montré *sa carte* et j'ai pu

foresee

helpful like anything

le reste
to catch up

benches
loose

des jours passés

identity card

[1]Jeannot is a gypsy boy.
[2]«Salon de coiffure», the barber shop owned by the narrator's family

voir sa date de naissance: 6 octobre 1914. Il a trente et un ans. Pourtant, dans le métro, les gens se lèvent pour *lui céder leur place*. Ses mains *parcheminées* tremblent toujours, c'est un vieillard. Il a perdu tous ses cheveux en quelques jours, lorsqu'il est entré à l'infirmerie du camp dont il n'avait jamais vu personne revenir. Il est vivant cependant, mais il a tout perdu, sa famille a disparu et il vend sur le marché du *fil* et des boutons le long du boulevard. Lorsqu'il s'est fait un peu d'argent, il vient ici boire un café et regarde les nuages passer sur Paris. Il sourit en ce moment et peut-être n'y aura-t-il jamais sur terre un homme au sourire aussi irréel que celui de Moshé. Ca me bouleverse et je pense à mon père…

give him their seat

shrivelled

thread

Franck est dehors et *souffle* dans ses doigts.

blows on

— T'en as mis du temps! *Grouille-toi*, j'ai un *Amerlo*.

(argot) hurry up!/(argot) an American

Je le regarde, il a l'air tout excité.

— Qu'est-ce que tu racontes?

— Un timide, dit-il, avec des lunettes, chauve et *un peu blindé*, juste ce qu'il faut. C'est Zatim qui s'en occupe.

(argot) a bit tight

J'en reste comme deux ronds de flan. Je connais Zatim. Il ne serait pas fichu de trouver un juif entre Montmartre et Saint-Ouen.[1] Je le vois mal en train de *monter des combines* avec des G.I.

(argot) I stand there flabbergasted

to set up deals

— T'es *cinglé*, Zatim est incapable de…

loony

Franck m'entraîne par le bras *à toute allure*, tandis que je *noue mon écharpe*.

at full speed

knot my scarf

— C'est pas comme ça que ça s'est passé, c'est l'Amerlo qui *lui est tombé dessus* rue Blanche et qui *lui colle après*.

(argot) came up to him/ sticks to him like glue

— Mais qu'est-ce qu'il veut?

Franck me regarde comme si j'avais de la *boue* dans le *cerveau*.

mud

brain

Il soulève les bras dans un geste de désespoir, ce qui fait remonter son manteau au-dessus de ses genoux *violacés de* froid.

purple with

— Qu'est-ce que tu veux qu'il veuille? Pas une photo d'Eisenhower. Il veut *une pépée*.

(argot) a girl (lit.: a doll)

Il repart à toute allure et je sprinte derrière lui.

— Mais *qu'est-ce que tu viens foutre* dans cette affaire, toi?

(argot) what are you messing around here for?

Franck *prend le tournant de* la rue Caulaincourt *sur les chapeaux de roue* et lance du côté droit de la bouche:

goes around the corner at full speed (lit.: on his hubcaps)

— Je l'ai rencontré avec son G.I. Alors il m'a sauté dessus pour que je le tire d'affaire.

Je le rattrape et *halète*.

gasp for breath

— De quelle affaire?

— De cette histoire de pépée. (…)

[1]A Northern section of Paris with a large Jewish population.

— Explique-toi! Ça fait deux heures que *tu cavales* *you'e been running around*
comme un fou en me racontant une histoire à laquelle je ne
comprends rien. Vas-y maintenant, explique-toi.

Franck *remue* ses *semelles* sur les pavés et commence *shuffles / soles*
à parler en se *dandinant* sur place. Ça fait trois mille ans que *twisting his body about*
ce *mec* a froid. (argot) *guy*

— C'est pourtant simple. Quand l'Américain a demandé
à Zatim de lui trouver une pépée, Zatim a dit d'accord, rien
de plus simple.

— Mais pourquoi il a dit ça?

Franck lève les yeux au ciel.

— Je n'en sais rien, moi... Il m'a dit rapidement que ça
pouvait rapporter et qu'il avait vu ça dans un film italien. Les
gosses à Naples se faisaient de l'or en amenant des Amerlos
voir leur sœur.

J'ai un haut-le-cœur. *I feel sick to my stomach.*

— Il ne va quand même pas lui présenter sa *frangine*? (argot) *sister*
Soupir de Franck.

— Risque pas, elle habite Romorantin, elle a trente-six
ans, huit gosses et *est inscrite* au parti communiste. *is a member of*

— Alors, dis-je, qu'est-ce qu'il va faire?

— Justement, dit Franck, il est *emmerdé*, c'est pourquoi (argot) *in a pickle*
il m'a foncé dessus quand il m'a vu. *he rushed up to me*

Je regarde Franck et j'ai une envie de rire qui monte.

— Et toi, dis-je, tu peux lui en fournir une, de pépée,
à l'Amerlo?

Franck baisse la tête, *sautille* un peu plus lentement et *skips*
se recroqueville lamentablement. *shrivels up miserably*

— Ben, non, justement. C'est pour ça que j'ai pensé à
toi.

Mon envie de rire disparaît net.

— Ça va pas, la tête, Franck?

Il me jette un œil en dessous, *se racle la gorge*, sifflote *clears his throat*
les trois premières notes de la dernière *scie* d'André Claveau *popular tune*
et *lâche le morceau*: (argot) *comes out with it*

— J'ai pensé qu'on pouvait s'adresser à Etiennette...
Etiennette!

Il me sciera toujours les pattes, le gars Franck. (argot) *he'll always manage to floor me*

On peut dire que *comme esprit de ressource il est un* *for resourcefulness*
petit peu là! Si un jour vous avez un problème, n'hésitez pas *he's really with it*
à vous adresser à lui: il vous sortira de *la panade* les *doigts* (argot) *the stew, trouble*
dans le nez. *in a breeze*

Je connais bien Etiennette. Franck connaît bien Etien-
nette. Tout le XVIIIe connaît bien Etiennette... Etiennette arrondissement (*section of Paris*)
exerce le plus vieux métier du monde, porte une jupe noire
à *dentelle rousse*, elle a un *nez retroussé* comme une véritable *reddish lace   upturned nose*

Parisienne qu'elle est, ses pieds *menus s'enfoncent* dans des **smallish / sink**
rangers pointure quarante-quatre et son cou s'enveloppe d'une **size 12 army boots**
longue *ficelle poilue* qui fut un authentique boa[1] avant de finir **hairy string**
sur une décharge entre Saint-Ouen et Pierrefitte. Nous
l'aimons tous. Elle est souriante, *avenante*, distinguée, ne **comely**
prononce jamais *un gros mot* même lorsqu'elle sort de l'un des **a four-letter word**
cent bistrots où elle a ses entrées régulières... Elle l'avoue
elle-même *d'une voix pointue de marquise*: «Mon véritable **in a high-pitched ladylike voice**
drame est que je ne supporte guère le vin: *au bout du dixième*
litre, je dois m'arrêter, car je sens que cela me monterait à la **after the tenth bottle**
tête.» (...)

Il y a une chose qu'il faut tout de même signaler, c'est
qu'Etiennette a *la soixantaine bien sonnée*. **well over sixty years old**

— T'es vraiment complètement timbré, Franck. Tu
t'imagines tout de même pas que ton soldat va accepter de
rester avec Etiennette alors qu'il y a plein de pépées *terribles* **fantastic**
sur le boulevard?

— Justement, je te dis que c'est un timide! Il ose pas
aborder une fille! Viens le voir, au moins.

[1]A woman's neck wrap, usually made of feathers

Je grogne, mais on ne sait jamais.   *grumble*

— Ils sont chez Marco, dit Franck.

C'est un bar avec le comptoir *en U* qui occupe toute la   *U-shaped*
salle. *Coincées* contre les murs, il y a des chaises et des tables   *wedged*
de jardin *à la peinture écaillée*.   *peeling paint*

Installés au fond, je les vois: Zatim, *tout frétillant* devant   *restless*
sa *menthe* à l'eau, rajoute de la saccharine dans son verre et   *mint*
me fait de grands signes. Et à côté de lui se trouve Edward
Michael Greenbaum junior.

C'est le soldat le plus fluet de la *seconde guerre mon-*
diale. Sans doute également de la première et de toutes les   *World War II*
guerres depuis *celle de Cent Ans*. J'ai immédiatement envie   *the Hundred Years' War*
de lui demander combien il pèse et de parier qu'il ne *dépasse*   *exceeds*
pas les quarante-cinq kilos avec le casque et le *fusil compris*.   *rifle included*

Il me serre la main. Franck a raison: non seulement c'est   *He shakes my hand.*
le soldat le plus fluet, mais également le plus timide qui ait
jamais existé.

—Bonjour beaucoup, *flûte-t-il*, je désolé déranger, mais   *he says in a piping voice*
vous aider peut-être Michael caporal.

C'est vrai qu'il est caporal, ce petit bonhomme.

Il est tout rouge et *sue* à grosses gouttes.   *sweats*

— Camarade petit Français dire vous connaître jeune
fille pour soldat Libération, *exactly*?

Je pense à Etiennette. Jeune fille est évidemment *nette-*
ment exagéré, mais j'acquiesce *à tout hasard*: il a l'air tellement   *definitely / on the off chance*
gentil que je voudrais lui rendre ce petit service.

— Je… Oui, je connais bien une dame, mais…

Franck me shoote dans le *tibia*.   *shin-bone*

—*Yes*, dit-il, lui, Jo, connaître *girl very beautiful*.

Le visage d'Edward Michael devient rouge brique.

— Très gentil, dit-il. Vouloir cigarettes?

Zatim regarde, perplexe, le minuscule G.I.

— Vous tuer Allemands *very much*?

Greenbaum junior fait un petit *bond* sur sa banquette.   *jump*

— Jamais! Moi avoir téléphone, pas fusil.

Nous rions ensemble.

— C'est bien, l'Amérique? demande Franck, les gratte-
ciel, tout ça?

Le caporal se gratte le crâne et hésite.

Zatim se penche:

—Enfin quoi, c'est chouette: les cow-boys, Gary Cooper,
les vedettes…

Les yeux sombres et doux du petit soldat errent au-dessus
de nos têtes et s'arrêtent par la porte *vitrée* sur la maison d'en   *with a glass window*
face, celle du *bougnat*.   *coal and wine vendor*

— Chez moi, pareil la maison, plus petite. Brooklyn.

Nous regardons, horrifiés. Il y a donc des maisons aussi moches que ça aux States? Ce n'est donc pas le pays du dollar, du *sourire dentifrice* et du technicolor? Franck réagit le premier.

— *Tu nous bourres le mou*, dit-il.

Greenbaum n'a pas compris, mais le ton de Franck ne le trompe pas.

— Américains très pauvres aussi, manger sandwiches toute l'année...

Ça, *ça me sidère*. Et aussitôt je me trouve *atroce*. Si ce type est pauvre, timide, loin de chez lui, malheureux, militaire et libérateur, je trouve répugnant de *lui piquer du fric* pour le présenter à une vieille *pocharde*.

Greenbaum parle à présent, et ce qui me stupéfie c'est que son enfance ressemble à la mienne, en plus gris, en plus terne, dans un quartier semblable au mien, plein de vieilles boutiques de vieilles gens, avec des *jeux dans les caniveaux*, des *balles en chiffon*, des ivrognes assis sur les escaliers des maisons et la pluie en automne, la neige en hiver; oui, cet après-midi-là, il me révèle *une sacrée Amérique*, le petit caporal Greenbaum, il m'amène bien loin de la Floride et des piscines en forme de cœur et de *haricot*.

Le jour tombe très vite dans le bistrot. Marco le bougnat, afin d'économiser l'électricité, ne se décide pas à éclairer et nous distinguons à peine nos visages dans la *pénombre*. On quitte la caserne obscure. On se retrouve tous les quatre sur le trottoir. Cela fait plus de deux heures qu'il nous raconte son pays, notre Amerlo. Pour un timide, il est bavard. Il doit se sentir bien avec nous; en confiance...

Jeannot a dû quitter le baby-foot depuis longtemps. Il est tard. Je peux m'attendre à *un savon* en rentrant à la maison. Mais, *de ce côté-là*, je suis *blindé*.

On piétine un moment, le ciel violet tourne au noir sur le Sacré-Cœur, la basilique se détache, *blafarde* comme *un os gratté*.

— Excusez-me, *balbutie* Greenbaum, mais vous dites connaissez jeune dame et...

C'est vrai, j'avais oublié! Pauvre malheureux, il est si gêné, si ridicule aussi! *Il nage* dans son blouson, dans son pantalon, dans son pays, il nage dans tout, Greenbaum... Et j'ai honte de l'embarquer dans une *histoire* pareille alors qu'il s'est confié à nous et qu'au milieu de notre groupe c'est lui qui semble l'écolier, un écolier que l'on *expédie* à l'autre bout du monde et qui fait la guerre même si ce n'est qu'avec un téléphone. Et la guerre pour nous qui étions occupés...

Zatim se *frotte* les mains.

---

toothpaste smile

(argot) *you're pulling my leg*

it leaves me flabbergasted / loathsome

(argot) *to con him out of his dough*
wino

games played in the gutter
rag balls

one heck of an America

bean

twilight

a bawling out
as far as that is concerned
(*armored*) *resistant*
we shuffle our feet
dim   scraped bone

stammers

he swims (in his clothes)

affaire

envoie

rubs

— Je vais vous amener une jolie fille, vous allez voir, quelques dollars et...

Greenbaum sursaute.

— *Oh yes, of course,* je... naturellement.

Il *fouille* en hâte dans son blouson et en sort des dollars soigneusement *pliés,*
    searches
    folded

Ensemble, Franck et Zatim avancent la main et je ne sais pas ce qui se passe en moi, alors:

— Je ne connais pas de fille, dis-je, *no girl.*

Les yeux du caporal *clignent,* plusieurs fois, et il ouvre la bouche pour parler lorsque Zatim s'exclame:
    blink

— Mais non, l'écoutez pas, il plaisante, il en connaît plein, hein, Jo, que tu en connais plein, hein, que tu en connais plein?

Je reçois deux coups de coude dans l'estomac tandis que Franck murmure:

Fais pas le con, t'as pas vu *les biftons?*
    (argot) *don't be a jerk*
    (argot) *banknotes*

Humblement, Greenbaum me tend l'argent.

— Voulez-vous amener moi à jeune dame vous connaître?

Je repousse l'argent et hurle:

— Elle a soixante *berges,* ma jeune dame, et *elle se pique le nez au gros rouge.*
    (argot) *years*
    (argot) *she boozes on cheap red wine*

Greenbaum, stupéfait, me regarde.

— *What is it,* soixante berges?

— Soixante ans, dis-je.

Greenbaum *ne doit pas dépasser* le mètre soixante-cinq, mais *il rapetisse nettement d'un coup. Une maquette* d'homme.
    must not measure more than
    he suddenly shrinks / a small-scale model

— Aoh! s'exclame-t-il.

Zatim et Franck sont déjà partis. Leurs *galoches* sonnent sur les *pavés,* on ne les voit plus, *noyés* par l'obscurité qui monte du boulevard.
    clogs
    cobblestones   *drowned*

Je remonte le col trop mince de mon manteau et serre la main de l'Américain.

— Au revoir, m'sieur.

Je me sens soulagé. Je n'aurais pas pu escroquer ce brave type. Il me semble que *je m'en serais voulu* jusqu'au restant de mes jours.
    I would have hated myself

— Jo...

Je me retourne: le caporal Greenbaum est là, planté. Il m'a suivi, sa silhouette *falote* oscille dans la nuit qui est tombée à présent.
    droll

— Je voulais dire merci vous, murmure-t-il.

— Pourquoi?

Il se dandine encore. Il n'arrête jamais de se dandiner, Edward Michael junior.

— Parce que... Parce que je aime peu les grand-mères.

Je me mets à rire avec lui. Après tout, c'est vrai que je lui ai rendu service: l'amour avec Etiennette, timide comme il est, il en serait resté traumatisé pendant tout le restant de sa vie. On doit pas jouer avec ça. J'ai pas d'expérience, mais j'en suis sûr...

Nous repartons ensemble en direction de ma maison.

— *You like chewing-gum?*

Il dit ça naturellement, comme s'il allait m'en *refiler une plaquette.*   (argot) *to slip a stick*

— Oui, dis-je.

Il ne répond pas, et cela me semble étrange. Au tournant de la rue du Poteau, il se décide enfin:

— Vous en voulez beaucoup?

Je commence à réfléchir. S'il pouvait m'en refiler une dizaine de paquets, ça serait intéressant. Les prix au marché noir sont assez élevés et, à l'école, les clients ne manquent pas.

— Le plus possible, dis-je. Vous pouvez en avoir combien?

Je pense: «Dix à quinze paquets, ce serait formidable!»

Greenbaum sifflote, s'arrête, regarde les étoiles froides entre les nuages.

— *Trois camions,* dit-il. O.K.?   *three truckloads*

MOTS-CLES

imagé *picturesque, colorful*
le marché noir *black market*
le quartier *section of town, neighborhood*
la bande *gang*
débrouillard *resourceful*
se débrouiller *to get along*
se retrouver *to meet (again)*
l'équipe (m) *team*
le footballeur *soccer player*
le copain, la copine *pal, buddy*
en quelque sorte *in some way*
avoir l'art de *to have the knack*
malin *sharp, clever*
le bistrot *pub, small café*
du monde *people (lots of)*
la date de naissance *date of birth*
le vieillard *old man*
bouleversé *to upset*

entraîner *to pull along, to involve*
tirer quelqu'un d'affaire *to help someone out*
rapporter (de l'argent) *to bring in (money)*
le gars *guy*
la décharge (publique) *dump*
peser *to weigh*
rendre service à *to do (someone) a favor*
le gratte-ciel *skyscraper*
moche *lousy*
l'ivrogne (m, f) *drunk*
le fric (fam.) *dough, money*
s'attendre à *to expect*
se confier *to entrust oneself*
hurler *to scream*
escroquer *to swindle*
s'en vouloir *to be mad at (oneself)*

EXPRESSIONS UTILES

Zut! *Rats! Darn it!*
C'est pressé. *It's urgent.*
Ca servira dans la vie. *It will be useful in life.*
Tu en as mis du temps. *You sure took your time.*
Ca ne va pas la tête? *Are you sick in the head?*
Il y en a plein (fam.). *There are a lot of them.*
Il ne serait pas fichu de (fam.)... *He wouldn't (even) be capable of...*

COMPREHENSION DU TEXTE

1. Comment voit-on que Jo est un passionné du baby-foot?
2. Qu'est-ce qui interrompt le jeu? Quels mots nous permettent de voir que Jo se sent un peu supérieur à Franck mais admire Jeannot?
3. Où se retrouvent les copains? Qu'est-ce qui attire les clients dans cet endroit?
4. Pourquoi Jo connaît-il les «nouveaux clients»? Qui est Moshé? Qu'est-ce qui surprend et bouleverse Jo en face de ce personnage?
5. Qu'est-ce qui est arrivé à Zatim? Qu'a-t-il demandé à Franck?
6. Pourquoi Zatim veut-il trouver une fille et qu'est-ce qui lui a donné cette idée?
7. En écoutant Frank parler de Zatim, Jo est surpris et amusé. Comment ces sentiments se manifestent-ils dans la langue imagée de l'auteur?
8. Où Etiennette trouve-t-elle probablement ses vêtements? Comment ce personnage, en quelque sorte sordide, est-il décrit de façon amusante?
9. Pourquoi Michael Greenbaum n'est-il pas un soldat très impressionnant?
10. Qu'est-ce qui représente l'Amérique pour ces adolescents? Quelle est leur surprise en entendant Michael raconter son pays?
11. Décrivez le rapport qui s'établit entre le soldat et les jeunes garcons.
12. Quelle réaction a Jo quand Michael veut lui offrir de l'argent? Quels auraient été ses sentiments s'il avait accepté de tromper ce brave type?

COMPREHENSION GENERALE

1. Qu'est-ce qui donne à cette histoire (a) un caractère de document sur la période des années '40–'45? (b) une perspective humaine? (c) une atmosphère vivante?
2. Qu'est-ce qui fait de Jo le chef de la petite bande? En quoi vous paraît-il plus sensible que les autres?
3. A votre avis, qu'est-ce que les jeunes (ou le critique Duneton) trouvent d'imagé et de «marrant» dans le français très libre que vous avez découvert dans ce texte? Citez des expressions ou des images qui vous ont amusés.

PRATIQUE DE LA LANGUE

1. Si vous étiez à la place de Jo, que feriez-vous avec les trois camions de chewing gum? Dans votre réponse, employez les expressions **rapporter, ça servira dans la vie, la bande de copains, le quartier, le fric, se débrouiller, malin, tirer d'affaire, zut!**

2. Dans le roman, Michael Greenbaum est transféré dans une autre ville et perd contact avec Jo. Imaginez comment il pourrait raconter son aventure de Montmartre à un nouveau camarade français. Utilisez les mots **bistrot, footballeurs, rendre service, se retrouver, s'attendre à, les gars, entraîner, moche, se confier, en vouloir à, escroquer, marché noir.**

3. Comment Jo pourrait-il raconter à d'autres copains sa découverte d'une Amérique qu'il ne connaissait pas?

4. Un(e) journaliste américain(e), dans un bistrot comme celui que décrit Joffo interviewe certains clients sur ce que la guerre et la libération ont été pour eux. Vous pouvez créer des types comme Moshé, la mère de Jo, Etiennette, des adolescents et bien sûr, des G.I.!

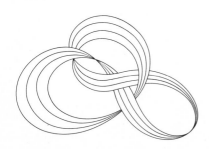

CONTROLE DU VOCABULAIRE

I. Complétez les phrases suivantes par un mot ou une expression synonymes.

1. Quand nous étions à Paris, Bill _____ _____ (savait comment) inviter des étudiants qui parlaient argot.

2. Jean est un type formidable, il peut se _____ (se tirer d'affaire) dans n'importe quelle situation.

3. Paul n'est peut-être pas un étudiant brillant mais il réussira dans la vie car il est _____ (intelligent).

4. Votre petite affaire va probablement vous _____ (procurer) pas mal d'argent.

5. Je croyais passer une soirée monotone mais Michèle m'a _____ (poussée à aller) au cinéma et nous nous sommes bien amusées.

II. Répondez aux questions par un mot équivalent aux mots en italique:

1. —N'avez-vous pas été *ému* par la nouvelle de sa mort?
   —Moi? J'en ai été _____.

2. —Croyez-vous que Paul soit capable *d'avoir confiance* en quelqu'un?
   —Il paraît qu'il _____ à son psychiâtre.

3. —Où *rencontrons*-nous Pierre et Annie?
   —On _____ tous, à Montmartre.

4. —Les maisons de ce quartier ont vraiment un aspect *minable*.
   —Vous avez raison, elles sont _____.

5. —Ces jeunes sportifs font-ils partie de votre *bande?*
   —Oui, ce sont les footballeurs de notre _____.

III. Complétez ces définitions:

    1. Les _____ représentent, sans doute, le triomphe de l'architecture moderne.

    2. Une _____ est un endroit public où on jette les vieux objets.

    3. Le «_____», c'est ce dont on a toujours besoin et qui rime avec «chic».

    4. Un style _____ est un style coloré et pittoresque.

    5. _____, c'est crier très fort.

IV. Comment définiriez-vous vous-même **un bistrot, un(e) ivrogne, un quartier, un vieillard, escroquer?**

V. Quelles réponses ou exclamations choisiriez-vous de donner à ces questions ou exclamations?

Je veux devenir Miss Galaxie!   C'est pressé.

Faut-il envoyer la lettre «express»?   Tu ne m'en veux pas?

Tu as encore oublié un point sur le *i*!   Ça va pas la tête?

Y a-t-il du monde dans le train?   Zut!

Et voilà! je rentre du bistrot.   Il y en a plein.

Tu n'es pas fâché contre moi?   Tu en as mis du temps!

ACTIVITES D'ENSEMBLE

1. Quand vous étiez plus jeune, avez-vous fait partie d'une bande de copains? Y avait-il un chef ou un type que vous admiriez? Racontez une de vos aventures.

2. Pensez-vous que les voyages permettent d'acquérir une nouvelle perspective sur les peuples étrangers? Trouvez un exemple dans *Baby Foot*. Racontez aussi une anecdote personnelle.

3. Pourriez-vous reconnaître dans la colonne de droite les expressions d'argot qui correspondent aux formes classiques de la colonne de gauche?

    1. *Tu te trompes* complètement.   a. chouette

    2. Il fait *très très* froid.   b. grouille-toi

    3. Qu' est-ce qu'on *mange* à la cafeteria?   c. bosser

    4. *Cessez de nous importuner*.   d. bouffer

    5. *Dépêche-toi*.   e. le con

    6. C'est *bien*.   f. vachement

    7. Il est sympathique, ce *type!*   g. fichez-nous la paix

    8. *Il n'est pas capable* d'arriver à l'heure.   h. mec

    9. Ne fais pas *l'idiot*.   i. tu te gourres

    10. On doit *travailler* dur pour ce prof.   j. il n'est pas fichu

4. Employez-vous des mots d'argot? Selon vous, l'argot est-il vulgaire? choquant? amusant? banal? Expliquez vos réponses. Pourquoi l'argot semble-t-il plus couramment employé par la jeune génération?

5. *Baby Foot* n'a évidemment pas de prétentions littéraires, mais pensez-vous que l'emploi de l'argot diminue en général la qualité littéraire d'un texte? Dans ce volume, où avez-vous trouvé d'autres exemples d'argot? Est-ce aussi un phénomène commun dans la littérature américaine?

FRENCH - ENGLISH GLOSSARY

This vocabulary contains all the words and expressions that appear in the text except words and expressions that have been glossed, articles, and identical cognates. Irregular verbs and irregular feminine forms of adjectives are also included.

A

abîmer to damage, spoil, deface

l'abord (m) access; **d'—** at first, in the first place, primarily; **aux — s de** in the vicinity of

aborder to approach; **— une personne** to accost someone; **— une question** to tackle a question

s'abstenir to abstain

accompagner to accompany

accomplir to perform, complete

l'accord (m) agreement; **être, se trouver d'—** to agree; **d'— !** OK!

s'accoutumer to get used to, accustom oneself to

accueillir to greet, welcome, accept

acquérir to acquire (**j'acquiers, nous acquérons;** *pp* **acquis**)

l'acte (m) deed, act

actuel, actuelle current, present

adresser to address, direct; **s'— à** to apply to, speak to

l'affaire business, affair, case; **les — s** business

affirmer to state, claim

affreux, affreuse frightful, ghastly

affronter to face, confront

afin que so that, in order that

l'âge (m) age

âgé aged

l'agent (m) agent, constable

s'agenouiller to kneel

agir to act; **s'— de** to be the matter; **il s'agit de** it is a question of, it is a matter of; **de quoi s'agit-il?** what is the issue?

aider to help, assist

ailleurs elsewhere; **d'—** besides, furthermore

aimable kind, nice, amiable

aimer to love, like; **— bien** to like

aîné elder, eldest, senior

ainsi thus, in this fashion

l'aise (f) ease; **à l'—** at ease, well-off

ajouter to add

alerte brisk

Allemand German

aller to go (**je vais, il va, nous allons;** *pp* **allé**); **allons!** let's go!

allongé stretched out, reclining

alors then, at that time, in that case; **— que** when, even though

amaigrissant reducing, slimming

l'amant (m) lover

l'âme (f) soul

améliorer to improve

amener to bring, lead; **— à** to persuade

l'ami (m) friend, boyfriend

l'amie (f) friend, girlfriend

l'amour (m) love

amoureux, amoureuse in love

ancien, ancienne old, former, ancient

l'angoisse (f) anguish, anxiety

l'animateur (m) social director, host (on a radio or TV show)

animer to activate, enliven

l'année (f) year

annoncer to announce

apercevoir to see, catch sight of, perceive (**j'aperçois, nous apercevons, ils aperçoivent;** *pp* **aperçu**); **s'— de** to notice, realize, become aware of

s'aplatir to go flat, flatten oneself

apparaître to appear, become evident

appartenir to belong, pertain; **il m'appartient** it behoves me to

l'appel (m) appeal, call

appeler to call, call to; **s'—** to be called, be named

apporter to bring, supply

apprécier to appreciate, appraise

apprendre to learn, teach

après after; **l'— - midi** (m or f) afternoon; **l'— guerre** postwar period

l'araignée (f) spider

l'arbre (m) tree

l'argent (m) money; **— de poche** pocket money, small change

l'argot (m) slang

l'armée (f) army

arracher to tear off, pull up (away)

arranger to arrange; **s'—** to get by, manage

arrêter to stop, arrest; **s'—** to come to a stop

l'arrière (m) back part, rear; **en —** behind, backward

arriver to happen, arrive; **il arrive que** it (sometimes) happens that; **il lui arrive de** (+ *verb*) he occasionally (+ *verb*)

aspirer to inhale; **— à** to aspire to

assassiner to murder

assez enough, somewhat

assister (à) to attend, witnss

s'associer to share in, be a party to, associate with

l'assurance (f) insurance, self confidence

assurer to insist, assure; s'— to make sure
atroce atrocious, gruesome
atteindre to reach
attendre to wait; s'— à to expect, anticipate
s'attendrir to be moved, be touched
l'attente (f) wait(ing), expectation
attirer to attract
l'audace (f) boldness, daring
audacieux, audacieuse bold, audacious
au-delà de beyond
augmenter to increase
aujourd'hui today
auparavant previously, beforehand
auprès de close to, at, by
aussi also, too; —... que as . . . as
aussitôt immediately; — que as soon as
autant as much, so much, as many; — que as
    much as, as well as; d'— que or d'— plus que
    especially since, all the more since
l'auteur (m) author
autour (de) round, about
autre other
autrefois formerly, in the past
avant before, earlier; d'— previous
l'avenir (m) future
avertir to warn
l'avis (m) opinion, advice, view
l'avocat (m) lawyer, attorney
l'avortement (m) abortion
    B
bafouiller to stammer, mumble
le baiser kiss
baisser to lower, let down
le balcon balcony
la balle ball, bullet
banal commonplace, trite
le banc bench, pew, bank
la bande gang, strip, — dessinée comic strip
la banlieue suburb(s)
le bas lower part; en — (down) below
battre to beat; se — to fight
bavard talkative
bavarder to chat
beau, bel, belle beautiful, handsome; avoir beau
    (invar.) . . . to do (something) in vain
le beau-frère brother-in-law
beaucoup (de) much, many
le besoin need, avoir — de to need
bête stupid, foolish
la bêtise stupidity; faire des —s to goof; dire des —s
    to talk nonsense
bien well, adequately; — des many; — que
    although
le bien good; les —s goods, property
le billet banknote, ticket

le bistrot pub, small café
la bizarrerie oddity, eccentricity
blesser to wound
la blessure wound
bleu blue
boire to drink (je bois, nous buvons, ils boivent;
    pp bu)
la boîte box
bon, bonne good; bon, bonne à good for
le bonheur happiness, bliss
la bouche mouth
le boulanger baker
la boulangère baker's wife
bouleverser to upset
le bout extremity, end part; au — de at the end of,
    after
la bouteille bottle
le bouton button, pimple
le bras arm
briser to break, shatter
britannique British
le bruit noise
brûler to burn
brusque sudden, curt
bu pp of boire
la bulle bubble, balloon (of comic strips)
le bureau office, study, desk
le but aim, goal
    C
ça = cela
cacher to conceal; se — to hide
le cadavre corpse
le camion truck, truckload
la campagne countryside, campaign
capable competent; — de able to, capable of
caresser to caress, stroke
le cas case, affair
la casquette cloth cap
casser to break
la catastrophe disaster
la cause cause, reason; à — de because of
causer to talk, chat; to cause
la ceinture belt
célèbre famous
célébrer to celebrate, praise
celui, celle qui he/she/that who (which)
cependant however, meanwhile; — que while,
    although
certain certain, some, definite; un — some, one;
    —s some (of them)
certes of course, to be sure
cesser to stop, cease
chacun each, every, each one, everybody
le chagrin sorrow, grief
chagriner to cause sorrow to, distress

la **chambre** room; — à **coucher** bedroom
la **chance** luck, chance
le **changement** change
la **chanson** song
le **chant** singing, song, hymn
   chanter to sing
le **chapeau** hat
   chaque each, every
   charger to load; — **de** to charge with, entrust with
se **chausser** to put on one's shoes
   chauve bald-headed
le **chef** leader, head, chief
le **chemin,** way, road
la **chemise** shirt
   cher, chère dear, expensive
   chercher to fetch, look for; — à to try to
la **chevelure** head of hair
   chez at (someone's place), among, with; — **soi** at home
le **chien** dog
   choisir to choose
le **choix** choice; **de** — first rate
   choquer to shock
   chuchoter to whisper
le **ciel** sky, heaven
   citer to quote, cite, subpoena
la **clé** key
le **client, la cliente** customer, patron
le **coeur** heart; **par** — by heart
se **coiffer** to comb one's hair; to put on one's hat
le **coin** corner
la **colère** anger, wrath
   combien how many, how much
   comme, like, as, such as
   commencer to start, begin
   commode convenient
   commun common(place); **en** — jointly, in common
le **compagnon, la compagne** companion, mate
le, la **complice** accomplice
le **comportement** behavior
   comporter to comprise, call for; **se** — to behave
le **compte** account; **se rendre** — **de** to realize
   compter sur to count on
   concevoir to conceive (**je conçois, nous concevons, ils conçoivent;** *pp* **conçu**)
   conclure to conclude (*pp* **conclu**)
   concrètement concretely, in fact
la **concurrence** competition, concurrent rival
le **concurrent, la concurrente** competitor, candidate
   condamner to condemn, sentence
   conduire to lead, drive; **se** — to behave
la **conduite** behavior
la **confiance** trust
la **confidence** secret, confidence

   confier to entrust, confide; **se** — à to take into one's confidence, rely on
   confondre to merge, mix up
   confus mixed, obscure, jumbled; embarassed
la **connaissance** knowledge, acquaintance
   connaître to know (*pp* **connu**)
le **conseil** advice, council
   conseiller to advise, recommend
   consentant consenting
le **consentement** consent
   conserver to preserve, retain
   constater to observe, ascertain, recognize
le **conte** tale, short story
   contempler to meditate upon, survey, contemplate
   contenir to contain, include
le **contenu** contents
   conter to tell, narrate
le **contour** outline, shell
le **contraire** opposite; **au** — on the contrary
   contre against, close to, counter-
   controversé debated, questionable
   convaincre to convince (*pp* **convaincu**)
   convenir to be suitable, to concur, to admit
le **copain, la copine** pal, buddy
le **corps** body, main part
le **costume** dress (of both sexes), man's suit
le **côté** side; **sur le** — on the side; **à** — **de** next to, side by side with
   coucher to lie down, sleep; **se** — to go to bed, lie down
   coudre to sew (**je couds, nous cousons, ils cousent;** *pp* **cousu**)
le **coup** blow, shot, stroke, deed
   coupable guilty
   couper to cut, cut up, cut off
la **cour** court of law, courtyard
   courir to run
le **cours** course; — **du soir** evening class; **au** — **de** during
la **course** race
   court short
le **couteau** knife
   coûter to cost
   craindre to fear
   crédule trusting, gullible
la **crème** cream
le **crétin** dunce, idiot
   creux, creuse hollow
le **cri** scream
   crier to scream, shout
   critiquer to criticize, review
   croire (à) to believe (in) (*pp* **cru**)
la **cuisine** kitchen, cooking
la **culpabilité** guilt

cultivé cultured, cultivated
cynique cynical

D

la **dame** lady
dans in, into
débarrasser to disencumber; **se — de** to get rid of
débattre to debate; **se —** to struggle, wiggle
debout standing up, on one's feet, upright
débrouillard resourceful
le **début** beginning
décemment decently, modestly
déchirant agonizing, heartrending
décontracté relaxed, nonchalant
le **décor** stage set, scenery, setting
découvrir to discover (*pp* **découvert**)
déçu disappointed
le **défaut** fault, shortcoming, lack
défier to challenge; **se — de** to mistrust
se **dégager** to free, extricate, disengage oneself
dégoûter to disgust
dégoutant disgusting
déguiser to disguise
dehors outside; **en — de** outside of, except for
déjà already, before, as it is
le **déjeuner** lunch
délivrer to free
la **délivrance** release, relief
demain tomorrow
demander to ask, ask for; **se —** to wonder, ponder
dément insane, demented
demeurer to remain, stay, reside
le **départ** starting, beginning, departure
dépasser to pass, exceed
se **dépêcher** to hurry
le **dépit** spite; **en — de** in spite of
déposer to set down, deposit, testify
dépourvu devoid; **au —** off guard, unawares
depuis since, for (time); **— que** since
déranger to disturb, bother
dernier, dernière last, latest
dérouter to baffle
dès from, as early as; **— que** as soon as
désespérer to despair, drive to despair
déshabiller to undress
désolé deeply sorry, distressed, desolate
désormais henceforth, from now on
le **dessin** drawing, design
dessous below; **en — de** under
dessus above, on top; **au — de** on top of, over
le **destin** destiny
devant before, in front (of)
devenir to become, turn into
se **devêtir** to disrobe
deviner to guess

devoir must, owe (**je dois, nous devons, ils doivent**; *pp* **dû**)
le **devoir** duty, homework
dévorer to devour, consume
difficile difficult
digne worthy, dignified
dire to say, tell (**je dis, nous disons, vous dites**; *pp* **dit**); **se —** to think to oneself, to represent oneself as
diriger to rule, administer; **se — vers** to head toward
le **discours** speech
discuter to argue, debate, question
disparaître to disappear
disposer to set out, provide, have at one's disposal
dissimuler to conceal, dissemble
dissiper to dispel, scatter, clear up
les **distractions** (f pl) amusements, leisure activities
le **divan** couch
le **dommage** damage; **c'est —** it's a pity, too bad
le **don** gift
donc then, consequently; **que fait-il —** ? what is he doing?
dont of which, whose
la **douceur** sweetness
douloureux, douloureuse painful
douter (de) to doubt; **se — de** to suspect
douteux, douteuse doubtful, questionable
doux, douce sweet, gentle, mild
dresser to set up, raise; **se —** to stand up, rise
le **droit** right, law; **avoir le — de** to have the right to
drôle funny
dû, due *pp* of **devoir**
dur hard, harsh, stern
durer to last
durant during, for (time)

E

écarter to set aside, divert, part, open (arms)
échapper (à) to escape; **s'— (de)** to escape (from), break loose
échauffer to heat, overheat, excite
éclairer to light, illuminate, clarify
éclatant ringing (sound), dazzling
éclater to burst (out)
écraser to crush, flatten out
s'**écrier** to cry out, exclaim
écrire to write (**j'écris, nous écrivons**; *pp* **écrit**)
l'**écrivain** (m) (professional) writer
l'**effet** (m) effect; **en —** as a matter of fact
l'**efficacité** (f) effectiveness, efficiency
effrayer to frighten
l'**effroi** (m) fright
également also, equally
l'**égard** (m) consideration; **à l'— de** with regard to

élever to raise, bring up (children); s'— to rise (up)

élevé remote

embarrassant cumbersome, perplexing, embarrassing

embêtant bothersome, annoying, boring

embrasser to kiss

émerveillé amazed, enchanted

emmener to take away, lead away

émouvoir to move (emotionally) (*pp* ému)

émouvant moving

employer to use, employ

emprunter to borrow

encore again, still

énervé irritable, fidgety

enfermer to lock up, enclose

enfin finally, at last; — ! at last! well!

s'enfuir to flee, run away

engagé committed (politically)

engager to hire; — à to urge; s'— to enlist, volunteer

enlever to take away, remove, kidnap

l'ennui (m) boredom, trouble; les —s trouble(s)

ennuyer to bore, annoy; s'— to be (get) bored

l'enquête (f) inquiry, investigation, survey

ensemble together

ensuite after, afterwards, then

entendre to hear, listen to, understand; s'— to reach an understanding, live in harmony

entier, entière whole; tout entier, toute entière whole, wholly

entourer to surround

entre between, among

entrer to go in(to), to enter

entrevoir to catch a glimpse of

envers toward, in regard to

l'envie (f) craving, envy; avoir — de to have a craving for, want

envier to envy

environ around, approximately, about

les environs (m pl) surroundings, neighborhood

envisager to consider, contemplate

envoyer to send

épais, épaisse thick, dense

épargner to spare, save

épouser to marry (someone), espouse

épouvantable terrible, frightful

l'époux, l'épouse spouse

éprouver to experience, feel, test

équilibrer to balance

équilibré well balanced, emotionally stable

l'erreur (f) error, mistake

l'espèce (f) kind, sort; — de (+ *noun*) that . . . , you . . . (*derogatory*)

l'espérance (f) hope, expectation

l'espoir (m) hope

l'esprit (m) spirit, wit

essayer to try, try on, attempt

l'état (m) state, condition

éteindre to extinguish, switch off, put out (fire)

l'étoile (f) star

étonner to astonish

l'étonnement (m) amazement, surprise

étrange strange

étranger, étrangère foreign

l'étranger, l'étrangère foreigner; à l'étranger abroad

l'être (m) being; le bien- — well-being

éveiller to awaken; s'— to wake up

l'événement (m) event, occurrence

éventuellement eventually

évidemment of course, obviously

éviter to avoid

évoquer to suggest, conjure up

exaltant inspiring

exciter to arouse, stimulate

excommunier to excommunicate

exercer (un métier, une activité) to practice (a trade, activity)

exiger to demand

expliquer to explain

exprimer to express

extérieur external, peripheral; l'— (m) outside part

l'extrait (m) excerpt, extract

F

en face de in front of

fâcher to anger; se — to get angry

la façon fashion, way

faible weak

la faiblesse weakness

faire to do, make (je fais, nous faisons, vous faites; *pp* fait)

le fait fact; en — in fact; tout à — quite, completely

falloir (*impers., used only in 3rd person*) (il faut, il faudra, il a fallu) one must. . . , it is necessary to. . .

la farine flour

fatigué tired

fatiguer to tire, to make weary

faut: il faut; see falloir

la faute mistake, fault, lack; — de for lack of

faux, fausse false, fake

le fauteuil armchair, easy chair

féliciter to congratulate

la femme woman, wife

la fenêtre window

fermement firmly

la fermeté firmness

la feuille leaf, sheet (of paper, metal)

fidèle faithful
fier, fière proud
se **ficher** to make fun of; **s'en —** not to care
  fichu rotten; **n'être pas — de** not to be able to
se **fier (à)** to trust, rely on
la **fierté** pride, arrogance
la **figure** face, form
  filer to run off, slip away
la **finesse** shrewdness, perceptiveness
  finir par to end in, end by
la **fois** time, occasion; **une —** once, once upon a
  time; **à la —** at one and the same time
le **fondement** foundation, base; **sans —** groundless
la **force** strength; **à — de** by dint of
  fort strong; (*adv.*) very strongly
  fou, folle insane, extravagant
  fournir to supply, provide
  frais, fraîche fresh, cool, new
  franc, franche frank, free
  franchement frankly
  frapper to strike, stun
le **front** forehead
  frustré frustrated
  fuir to flee, shun
  G
  gagner to win, earn, gain; to reach, infiltrate
le **gamin, la gamine** kid, youngster
le **garde** watchman, guard
  garder to keep, retain; to guard (over)
la **gare** railroad station
le **garnement** little rascal
le **gâteau** cake
la **gauche** left
  gêner to embarrass, bother
le **genre** kind, gender; **ce — de** this (that) kind of
les **gens** (m pl) people
  gentil, gentille nice, kind
le **geste** gesture
le **gosse, la gosse** kid
le **goût** taste, preference
la **grâce** grace, favor; **— à** thanks to
la **graisse** fat, grease
  gras, grasse fat, greasy, thick
  grave serious
la **grève** strike (labor)
  grossier, grossière crude, coarse, rude
  guère: ne...guère hardly, not very, not much,
  hardly any
la **guerre** war
  H
  habiller to dress (someone); **s'—** to get dressed
  habiter to reside, dwell, populate
l'**habitude** (f) habit, custom; **d'—** usually
  habituel, habituelle usual, customary
  haïr to hate (**je hais, nous haïssons;** *pp* **haï**)

le **hasard** chance, accident
la **hâte** haste
  haut high, loud; **en —** up (on top), upstairs; **le —**
  the top, the upper part; **du — de** from the
  height of
  hésiter to hesitate, waver
  heureux, heureuse happy
l'**histoire** (f) story, history, yarn; **des —s** fuss, hassle
l'**homme** (m) man
l'**honneur** (m) honor
la **honte** shame; **faire —** to put to shame
  hors (de) out of
l'**hôte** (m) host, guest
  humain human
  humblement humbly, unassumingly

  I
  ici here
l'**image** (f) picture, image
l'**immeuble** (m) building
  impitoyable merciless, relentless
  impliquer to implicate, imply, involve
  inattendu unexpected
l'**incapacité** (f) incapability, unfitness, disablement
  incommode inconvenient, disagreeable
  inconnu unknown
l'**inculpé** (m) the accused, the defendant
  indicible unspeakable, indescribable
  infliger to inflict
  inguérissable incurable
  ininterrompu uninterrupted
  inoubliable unforgettable
  inquiet, inquiète anxious
  inquiétant disturbing
  insensé insane, extravagant
  installer to set up, install; **s'—** to settle (down)
  interdit forbidden
  interroger to ask, question, quiz, poll
  intime intimate, private
l'**intrigue** (f) plot (of a play, novel)
  inutile useless
  invoquer to invoke, call upon
  irréel, irréelle unreal
  isoler to isolate

  J
  jaloux, jalouse jealous
la **jambe** leg
le **jardin** garden
  jaune yellow
  jauni yellow, faded
  jeter to cast, throw; **— un coup d'oeil** to cast a
  glance
le **jeu** game; **en —** in play, in action, at stake
  jeune young; **les —s** young people
la **jeunesse** youth

joindre to join, bring together, link (**je joins, nous joignons;** *pp* **joint**); **les mains jointes** with joined (folded) hands

la **joue** cheek

jouer to play

jouir (de) to enjoy

le **jour** day, daylight

le **journal** newspaper

la **journée** day, daytime

le **juge** judge

la **jupe** skirt

le **juré** juror

jurer to swear

le **juron** profanity, swear word

jusque, jusqu'à as far as, until, even; **jusqu'à ce que** until (+ *clause*)

L

là there; **— -bas** over there

lâche cowardly

lâchement in a cowardly fashion

la **lâcheté** cowardice

lâcher to drop, let go

laid ugly

laisser to let, leave, lead

lancer to hurl, launch

la **langue** language, tongue

large broad, wide

la **larme** tear(drop)

latéralement laterally, sideways

laver to wash

le **lecteur, la lectrice** reader

léger, légère light

le **lendemain** next day

lent slow

lentement slowly

lever to lift, raise; **se —** to rise

se **libérer** to free oneself

libre free

lier to tie, link

le **lieu** place, location; **au — de** instead of

lire to read (**je lis, nous lisons;** *pp* **lu**)

livrer to deliver, turn over

la **loi** law, act (of legislature), rule

loin far

lointain distant

le **lointain** far distance

le **loisir** leisure, free time

long, longue long; **le long de** alongside; **au long de** during the whole course of (time)

longuement at length

louer to rent, to praise

lourd heavy

lourdement ponderously

la **lumière** light

M

maigre thin, skinny

la **main** hand; **aux —s de** in the hands of

maintenant now

maintenir to uphold, hold back

mais but

la **maison** house, establishment; **à la —** at home

la **maîtresse** mistress

le **mal** evil, harm, ailment; **faire (du) —** to hurt, harm

mal (*adv*) badly, ill; **— à l'aise** ill at ease

malade sick, ill

le, la **malade** sick person, patient

le **malaise** discomfort, uneasiness

le **malentendu** misunderstanding

malgré in spite of

le **malheur** misfortune

malheureux, malheureuse unhappy, unfortunate, wretched

malheureusement unfortunately

malicieux, malicieusement mischievous, malicious

manquer to miss (a target); **— de** to lack; **— à** to be missed by

le **manque** lack, shortage

le **maquillage** make-up

marcher to walk, work; **ça marche!** it works!

le **mari** husband

marrant (*argot*) funny

le **matin** morning

mauvais bad, wrong, poor (quality, taste)

mécontent dissatisfied

le **médecin** physician, doctor

la **méfiance** suspicion

meilleur better

le **meilleur, la meilleure** the better (of 2), the best

mêler to mix, blend; **se — de** to meddle in(to)

même same, self, very; (*adv*) even; **ici —** in this very place; **— pas** not even; **— si** even if

la **mémoire** memory

la **menace** threat

menacer to threaten

menaçant ominous

mener to lead

mentir to lie (**je mens, nous mentons;** *pp* **menti**)

le **menton** chin

le **mépris** scorn

mépriser to despise

mériter to deserve

merveilleux, merveilleuse wonderful

la **mesure** measure(ment); **à — que** as, in proportion as, even as

mesurer to measure, weigh, estimate

le **métier** trade, craft, skill

le **metteur en scène** director (stage, film)

mettre to put, set, place (**je mets, nous mettons; *pp* mis**); **se — à** (+ *verb*) to set about (doing something)

le **meurtrier** murderer

mieux (*adv*) better; **le —** best

le **milieu** middle, milieu, environment

mille thousand

mince slim, slender, thin

minuit midnight

la **mise en scène** staging, direction (play, film), pretense

la **misère** extreme poverty

moche ugly, rotten

la **mode** fashion (clothes)

moindre lesser

le **moindre** the slightest

moins less; **— de** less than; **le —** least; **au —** at least; **tout au —** at the very least

la **moitié** half; **à —** halfway

le **monde** world, people; **du —** people, company; **tout le —** everybody

monter to go up; to install

monstrueux, monstrueuse monstrous, shocking

la **montre** watch (clock)

montrer to show; **se —** (+ *adj*) to prove, show oneself

se **moquer (de)** to make fun of

la **morale** morals; moral (of a story)

la **mort** death

le **mot** word

mou, molle soft, limp, flabby

la **mouche** fly

mourir to die (**je meurs, nous mourons, ils meurent; *pp* mort**)

le **mouvement** motion, impulse, movement

moyen, moyenne average, medium

le(s) **moyen(s)** means

le **mur** wall

N

nager to swim, float

naguère not long ago, lately

naître to be born (**je nais, nous naissons; *pp* né**)

né *pp* of **naître**

néanmoins nevertheless

la **nécessité** need, necessity

la **neige** snow

le **nerf** nerve

neuf, neuve new

neutre neutral

le **neveu** nephew

le **nez** nose

n'importe quel, n'importe quelle any; **n'importe qui (quoi)** any one (-thing)

le **niveau** level

noir black

nombreux, nombreuse numerous

nommer to name, appoint; **se —** to be named, be called

la **note** bill, note

nouveau, nouvel, nouvelle new

la **nouvelle** short story, novelette; piece of news

nu naked, bare

le **nuage** cloud

nuire to be damaging, prejudicial (**je nuis, nous nuisons; *pp* nui**)

la **nuit** night

O

obéir to obey

obtenir to obtain, gain, secure

occupé busy, employed; occupied

l'**oeil** (m) (pl **les yeux**) eye

l'**oeuvre** (f) work, creative work; charity

offrir to offer

l'**oncle** (m) uncle

l'**ongle** (m) nail (of finger, toe)

l'**or** (m) gold

l'**oreille** (f) ear

l'**orgueil** (m) pride, arrogance

osciller to sway, waver

oser to dare, venture to

ou or; **—...—** either . . . or

où where, when

outre beyond; **en —** besides, furthermore

l'**ouvrier, l'ouvrière** worker (blue collar)

ouvrir to open

P

le **pacte** pact, agreement

paisible peaceful

la **paix** peace

le **pantalon** pants, trousers

le **paquet** parcel, package

par by, through; **— - ci — - là** here and there, this way and that way; **— ailleurs** in other respects, through other channels

paradoxal paradoxical

paraître to seem, appear (**je parais, il paraît, nous paraissons; *pp* paru**)

pardonner to forgive

pareil, pareille same, equal, peer

parfois sometimes

parmi among

la **parole** spoken word, speech; **prendre la —** to take the floor; **couper la —** à to interrupt; **la — est à M. X** Mr. X has the floor; **les —s** lyrics (song)

la **part** share, part; **d'une — ... d'autre —** on the one hand . . . on the other hand; **à —** except for, aside (from), apart (from)

partager to share, divide

particulier, particulière particular, peculiar
un **particulier** individual, fellow
partir to leave, be off
partout everywhere
parvenir to succeed, reach
le **passé** past, time past
passer to pass, spend (time); **se —** to occur, happen, take place; **qu'est-ce qui se passe?** what's going on?
se **passionner (pour)** to become impassiond
le **patron, la patronne** boss, employer
pauvre poor
la **pauvreté** poverty
le **pays** country
le **paysage** landscape
la **peau** skin
peindre to paint
la **peine** penalty, sorrow, difficulty; **à —** barely, hardly; **valoir la —** to be worth the trouble
le **peintre** painter
se **pencher** to bend (over), lean (out); **— sur** (*fig*) to concern oneself with
pendant during
pénible hard, unpleasant
la **pensée** thought
percevoir to discern, collect (**je perçois, nous percevons, ils perçoivent;** *pp* **perçu**)
perdre to lose
permettre to permit, allow, make possible (like **mettre**)
le **personnage** character, personality
peser to weigh
pesant heavy
un **peu** a little; **à — près** approximately; **— à —** little by little
la **peur** fear; **avoir —** to be afraid
peut-être maybe, perhaps
la **phrase** sentence
la **pièce** room; play (theatre)
le **pied** foot, footing; **au — de** at the foot of
pire worse; **le —** worst
le **plafond** ceiling
plaindre to pity; **se —** to complain
plaire to please, be agreeable (*pp* **plu**); **ça me plaît** I like it
plaisant pleasing, pleasant
plaisanter to joke, jest
le **plaisir** pleasure
plat flat
le **plat** dish, plate, course (of a meal)
le **plateau** tray
plein full
pleurer to cry
la **plupart** most, greatest part
plus more; **le —** most; **ne... —** no more, no longer; **non —** (not) either; **jamais —** never

again; **de — en —** more and more; **en — de** in addition to
plusieurs several, many
plutôt rather, sooner
poétique poetical
le **point** point, spot; **— de vue** point of view
poli polite, polished
la **politesse** politeness
la **politique** politics, policy
ponctuel, ponctuelle punctual
porter to carry, wear, bear
poser to set down, place, install, ask (a question)
la **poudre** powder
pourquoi why
poursuivre to pursue, chase, go on
pourtant however, though, yet
pousser to push, grow
pouvoir to be able, can (**je peux, nous pouvons, ils peuvent;** *pp* **pu**)
pratique practical
la **pratique** practice; **en —** in practice, practically speaking
précipitamment with (undue) haste, hurriedly
se **précipiter** to rush, take an accelerated pace
le(s) **préjugé(s)** prejudice
premier, première first
prendre to take (**je prends, nous prenons, ils prennent;** *pp* **pris**)
près (de) near, close (to)
presque almost, nearly
le **pressentiment** foreboding
se **presser** to hurry
prêt ready
prétendre to claim
prêter to lend; **se — à** to lend oneself to
la **preuve** evidence, proof
prévoir to foresee, forecast, provide for (in advance) (like **voir,** exc. for future & cond.: **je prévoirai(s)**)
le **prix** price, cost, award
le **procès** trial, lawsuit
prochain next
proche (de) near (to), neighboring
le **procureur** public prosecutor
produire to produce
le **produit** product
profiter to take advantage, benefit, thrive
profond deep
se **promener** to go for a walk (ride); to wander
la **promesse** promise
le **propos** remark; **à — de** in connection with, concerning; **à ce —** in this connection, while we're on this subject
propre clean; own; **— à** peculiar to, characteristic of
provoquer to cause, induce; to provoke

le **public** audience, public

puis then, afterward, next; **et —** and then, moreover

puisque since, as, seeing that

la **puissance** power, strength

punir to punish

Q

quand when; **— - même** even if, in spite of it all

le **quartier** section of a town, neighborhood

quel, quelle what, which; **— que soit...** whatever (whichever, whoever) . . . may be

quelconque any (whatever); ordinary, commonplace

quelque some, any; **en — sorte** after a fashion

quelquefois sometimes, occasionally

quiconque whoever, anyone who, anyone else

quitter to leave

quoique although, though, albeit

R

raconter to tell, narrate

la **raison** reason, motive, justification; **avoir —** to be right, justified; **avoir des —s** to have grounds for

ramasser to pick up, collect

ramener to bring back, lead back

rappeler to remind, call back; **se —** to remember

le **rapport** report, relationship; **par — à** with respect to, compared to

rarement rarely, seldom

rassurer to reassure

rater to miss

un **raté** a failure (person)

rattraper to catch up (with)

ravi delighted

réagir to react

le **réalisateur (d'un film)** film maker, director

réaliser to carry out (*Franglais:* to realize)

recevoir to receive, get; to welcome (**je reçois, nous recevons, ils reçoivent; pp reçu**)

réchauffer to warm up

la **recherche, les recherches** research; search

le **récit** narrative, account

réclamer to demand, claim; to complain

réconforter to fortify, comfort

reconnaître to recognize, acknowledge

réfléchir to reflect, think, ponder

refléter to reflect, mirror

regagner to go back to

le **regard** look, glance, stare

la **règle** rule

régler to regulate; to settle (bill, account)

régner to reign, to prevail

relever to lift up (again); **se —** to rise again, to pick oneself up

remarquer to observe, notice, remark

remercier to thank, dismiss

remonter to go up again, to rise (again), to pull up

le **remords** remorse

remplir to fill

rencontrer to meet, run across

rendre to give back, return; to render (justice)

le **renfort** reinforcement

renouveler to renew, renovate

renseigner to inform; **se —** to make inquiries

rentrer to go (come) home

repartir to go off again; to retort

le **repentir** repentance

répéter to repeat, rehearse

la **répétition** rehearsal, repetition

la **réplique** retort; cue (theatre); **donner la — à** to cue

la **réponse** answer, response

reprendre to retake; to start again, resume

la **représentation** performance (stage)

reprocher (quelque chose à quelqu'un) to reproach (someone for something)

le **réquisitoire** public prosecutor's concluding speech

ressentir to feel, experience

rester to stay, remain, be left

le **retard** delay; **en —** late, delayed

retenir to retain, remember

retirer to pull back, take off; **se —** to withdraw

retrouver to meet, find (again), rediscover

réunir to gather; **se —** to congregate

réussir to succeed

la **réussite** success

le **rêve** dream

rêver to dream

réveiller to awaken; **se —** to wake up

revenir to come back

se **révolter** to revolt

le **rhume** cold, flu

le **rideau** curtain, screen

rien nothing; **— que** merely, just

rire to laugh

le **rire** laughter

le **risque** risk, chance

la **robe** woman's dress, gown

le **roman** novel

rose pink

rougir to blush, turn red

la **route** road

la **rue** street

la **ruelle** alley

S

le **sac** bag

sage wise, good; **un enfant —** a good child

la **sagesse** wisdom, good behavior

saisir to seize, grasp

sale dirty

salir to soil, get dirty

la **salle** hall, (large) room; **— à manger** dining room; **— de bain** bathroom

saluer to greet, salute
le **sang** blood
  sans without
la **santé** health
  sauter to jump, skip; to blow up
  savoir to know (**je sais, nous savons;** *pp* **su;** *pres. part.* **sachant**)
la **scène** stage, scene
  sceptique skeptical
le (la) **secrétaire** secretary
  secouer to shake
le **séjour** stay, residence
  séjourner to stay, dwell
  selon according to; **— que** depending on whether. . .
  semblable similar
  semblant: faire — to pretend
  sembler to seem, appear
le **sentiment** feeling, sensation
  sentir to feel, experience, smell (of); **se — bien** to feel good
  serrer to hold tight; **— la main** to shake the hand
  servir to serve, be useful (**je sers, nous servons;** *pp* **servi**); **ça ne sert à rien** it is useless
  seul lonely, single, alone; only
  seulement only, except (for the fact) that
  si if, while, though
  si (*adv*) so, so much, such, as
  si yes (when "**non**" is the expected answer)
le **siècle** century
  signaler to make conspicuous, point out
  signifier to mean, signify
  silencieux, silencieuse silent
  sinistre ominous, sinister
  sinon if not, unless, or else
la **soeur** sister
  soi oneself, himself, herself, itself
  soigner to nurse, take care of
  soigné polished, refined
  soigneusement with care
le **soin** care, attention
le **soir** evening, nightfall, night
la **soirée** evening, evening party, night out
  sombre dark, brooding
la **somme** sum, whole; **en —** in sum
le **sommeil** sleep
le **sondage** sounding, public opinion survey
  songer to think, consider; to dream
  sonner to ring (bell); to ring up
la **sorte** kind, species; **de — que** so that; **faire en — que** to see to it that
  sortir to go out, come out; **— quelqu'un, quelquechose** to take out someone, something
  sot, sotte silly, foolish
le **souci** concern, worry

  souffler to blow (out); to catch one's breath, to pant; to prompt (theatre)
la **souffrance** pain, suffering
  souhaiter to wish
  soupçonner to suspect
le **sourire** smile
  sous under
se **souvenir (de)** to remember
  souvent often
  sportif, sportive athletic, related to sports
le **succès** success
  suggérer to suggest
  suivant following, according to
  suivre to follow, attend (a course) (**je suis, nous suivons;** *pp* **suivi**)
  supporter to sustain, endure, withstand
  supprimer to suppress, cancel
  surprendre to catch unaware, astonish
  surtout especially
  susciter to arouse, instigate

T
la **taille** size, waist
se **taire** to be silent (**je me tais, nous nous taisons;** *pp* **tu**)
  tandis que while, whereas
  tant so much; **— de** so many; **— que** as much as, as long as; **en — que** as, in the capacity of
  tard late
  tardif, tardive late, tardy, backward
le **tas** heap; **des — de** lots of
le **teint** complexion
  tel, telle such, like
  tellement so (to such a degree), so much (many)
  témoigner to testify, show; **— de** to attest, testify to
le **témoin** witness
le **temps** time; weather; **au — de** in the days of; **de — en —** from time to time; **tout le —** constantly, all the time
  tendre tender, soft, loving
  tenir to hold, keep (**je tiens, nous tenons, ils tiennent;** *pp* **tenu**); **— à** to value (**il y tient**), to be due to (**cela tient à**); **se — à** to stand, remain; **tenez!** look here! see!
  tenter to tempt, attempt
la **terreur** terror
  terrible awful, dreadful; terrific
le **territoire** territory
la **tête** head
  tirer to pull, draw, shoot; **se — de** to extricate oneself from
le **tissu** fabric
le **toit** roof
le **tombeau** grave, monument

tomber to fall; **ça tombe bien!** what a happy coincidence!

le **ton** tone; **sur ce —** in that tone of voice

toucher to touch, to receive (money)

toujours always, ever, still

tousser to cough

toussoter to hem

le **tout** the whole

tout (*adv*) quite, very; **— comme** just as; **— en** (+ *pres. part.*) while (+ *gerund*); **— à coup** all of a sudden

tout (*inv*) all, everything; **en — pour —** all in all; **à — prendre** all things considered

tout, toute, tous, toutes (*adj*) any, every, all, whole

toutefois however

traduire to translate, express

trahir to betray

le **train** train

à **travers, au travers de** through

traverser to cross (over)

trembler to tremble, quake

tromper to deceive; **se —** to be mistaken

trop too, too much; **de —** superfluous, unwelcome

le **trottoir** sidewalk

trouver to find; **se —** to be located, to find oneself

U

l'**usage** (m) use (of something), usage, custom

user to wear out (down); **— de** to make use of

l'**usine** (f) factory, industrial plant

utile useful

l'**utilisation** (f) use, mode of using

l'**utilité** (f) usefulness

utiliser to use, utilize

V

vachement (*argot*) very, mighty (*adv*)

vaincre to overcome, conquer, defeat (**je vaincs, il vainc, nous vainquons;** *pp* **vaincu**)

valoir to be worth, deserve (**je vaux, il vaut, nous valons;** *pp* **valu**); **il (ça) vaut mieux** it is better; **faire —** to point out

vaste spacious, sweeping

le **veau** calf, veal

veiller to stay awake, watch; **— à** to see to it

la **veine** luck

venir to come (**je viens, nous venons, ils viennent;** *pp* **venu**)

véritable real, genuine

la **vérité** truth

le **verre** glass; **prendre un —** to have a drink

vers toward

verser to pour

les **vêtements** (m pl) clothes

vêtir to clothe (*pp* **vêtu**)

vexé annoyed, hurt (in one's pride)

la **vie** life

vieux, vieil, vieille old

vif, vive alive, sharp: **sur le vif** live, candid, from life

vilain ungainly, nasty

le **viol** rape

le **visage** face

vite quickly

vivant alive

vivre to live (**je vis, nous vivons;** *pp* **vécu**)

le **voeu** wish, vow

voir to see (**je vois, nous voyons, ils voient;** *pp* **vu**)

voisin neighboring, next door

le **voisin, la voisine** neighbor

la **voiture** car, carriage

la **voix** voice

voler to fly; to steal

volontiers willingly, readily

vouloir to will, want, wish (for) (**je veux, nous voulons, ils veulent;** *pp* **voulu**); **en — à quelqu'un** to have a grudge against someone

le **voyage** trip, journey

le **voyant, la voyante** clairvoyant

vrai real, true

vulgaire common, unrefined

Y

y (*adv*) there, here; **vous — êtes** you are there; **je m'— attendais** I was expecting it; **j'— pense souvent** I often think of it

les **yeux** (m pl) eyes

Z

zut! rats! darn it! fudge!

Permissions

*We wish to thank the authors, publishers and holders of copyrights
for their permission to reprint the following texts and cartoons.*

Roba: "Boule et Bill," from *Spirou*, 25 May 1978, © Roba & S.E.D.,
Belgium.

Claire Brétecher: "Les Frustrés," from *Le Nouvel Observateur*, 30
September 1974.

Georges Wolinski, "Il n'y a pas que la politique dans la vie," from *Il
n'y a pas que la politique dans la vie*, © Georges Wolinski (courtesy
of the artist).

Pierre Dumayet: "Une interview de Madame Soleil" and "Couple
Domino," from *Vu et entendu*, Editions Stock.

Marie Cardinal: "La Parole qui délivre," from *Autrement dit*,
Editions Bernard Grasset.

Paul Fort: "Le Bonheur," from *Ballades*, Editions Flammarion.

Jacques Prévert: "Le Concert n'a pas été réussi," from *Paroles*,
Editions Gallimard.

Marie Noël: "Chanson," from *Les Chansons et les heures*, Editions
Stock.

Raymond Queneau: "Si tu t'imagines," from *Si tu t'imagines*,
Editions Gallimard.

Jean Anouilh: "Humulus le Muet," from *Pièces roses*, Editions de la
Table ronde.

Guy Foissy: "Coeur à Deux," from *Spécial Comédie-Française*, no.
469–470, April 1971, © Guy Foissy (courtesy of the author).

Francoise Sagan: "L'Echarde," Editions René Julliard (courtesy of the
publisher).

Guillaume Apollinaire: "La Disparition d'Honoré Subrac," from
L'Hérésiarque et Cie., Editions Stock.

Colette: "Belles-de-Jour," from *Les Vrilles de la vigne*, Editions
Flammarion.

Charles de Gaulle: "L'Appel du 18 juin" and "Vive le Québec libre,"
from *Discours et oeuvres du Général de Gaulle*, Editions Plon.

Gilbert Cesbron: "Le Procès de l'euthanasie," from *Il est plus tard
que tu ne penses*, Editions Robert Laffont.

Joseph Joffo, "Un G.I. à Montmartre," from *Baby-Foot*, Editions J. C.
Lattès.